Norbert Hoerster

Was können wir wissen?

Philosophische
Grundfragen

Verlag C.H.Beck

Originalausgabe

© Verlag C.H.Beck oHG, München 2010
Satz, Druck u. Bindung: Druckerei C.H.Beck, Nördlingen
Umschlagentwurf: malsyteufel, Willich
Printed in Germany
ISBN 978 3 406 60094 4

www.beck.de

beck'sche
reihe

b'

Welche Voraussetzungen müssen erfüllt sein, damit jemand mit Recht behaupten kann, etwas zu wissen? Und welches sind die wichtigsten Bereiche menschlichen Wissens? Gibt es neben logischem Wissen und Erfahrungswissen auch ein Wissen über soziale Werte sowie ein Wissen, das zur Religion führt? Diese Fragen werden – bezogen auf Wissen, wie es jeder haben kann – allgemein verständlich behandelt.

Norbert Hoerster, geboren 1937, lehrte von 1974 bis 1998 als Professor Rechts- und Sozialphilosophie an der Universität Mainz. Seine jüngsten Buchveröffentlichungen sind «Ethik des Embryonenschutzes» (Reclam 2002), «Ethik und Interesse» (Reclam 2003), «Haben Tiere eine Würde?» (C.H.Beck 2004), «Die Frage nach Gott» (C.H.Beck ²2007), «Was ist Recht?» (C.H.Beck 2006) und «Was ist Moral?» (Reclam 2008).

Inhalt

Einleitung
7

1. Unter welchen Voraussetzungen wissen wir etwas?
11

2. Was wissen wir durch logisches Denken?
27

3. Was wissen wir durch Sinneswahrnehmung?
45

4. Kann man aus Vergangenem auf Zukünftiges schließen?
61

5. Sind Werte Gegenstand des Wissens?
77

6. Sind religiöser Glaube und Wissen vereinbar?
97

Schlussbemerkung
117

Literaturhinweise
121

Einleitung

Im Alltag geht jeder ohne weiteres davon aus, dass er selbst und seine Mitmenschen Wissen besitzen. So würden wir ohne weiteres behaupten, dass wir wissen, dass $2+1=3$ ist, oder dass sich in unserer Wohnung ein Bett befindet, oder dass Menschen manchmal Schmerzen haben, oder dass New York in Amerika liegt, oder dass auch morgen die Sonne aufgehen wird.

Welche Voraussetzungen aber müssen erfüllt sein, dass wir auch *mit Recht* behaupten können, dass jemand ein bestimmtes Wissen besitzt? Zeigt sich vielleicht bei genauerer Betrachtung, dass wir dies *niemals* mit Recht behaupten können? Müssen wir deshalb vielleicht jenen radikalen Skeptikern zustimmen, die meinen, dass es wirkliches Wissen gar nicht gibt? Diese grundsätzliche Frage steht im Mittelpunkt von Kapitel 1.

Das Wissen, auf das wir gewöhnlich Anspruch erheben, bezieht sich auf Gegenstände in sehr unterschiedlichen Bereichen. Die wichtigsten dieser Bereiche werden in den nachfolgenden Kapiteln vorgestellt, und es wird geprüft, ob und inwieweit die Gegenstände dieser Bereiche unserem Wissen wirklich zugänglich sind. Während wir im Alltag keine Zweifel haben, dass in den Bereichen der Kapitel 2 bis 4 Wissen möglich ist, trifft dies auf die Bereiche der Kapitel 5 und 6 weniger zu. Möglicherweise ist hier ein größeres Maß an Skepsis angebracht.

Wenn es in Kapitel 2 um «logisches Denken» geht, so soll darunter nicht nur das Schließen der formalen Logik verstanden werden, sondern jedes Schließen oder Folgern, das auf nichts anderem als auf der Bedeutung beruht, die wir mit unseren sprachlichen Ausdrücken verbinden. Das Wissen, das sich einem solchen Schließen verdankt, wird häufig auch als «analytisches» Wissen bezeichnet.

In Kapitel 3 geht es um das empirische Wissen oder Erfahrungswissen, das auf der Wahrnehmung unserer Sinne beruht. Hier stellt sich sowohl die grundsätzliche Frage, ob und unter welchen Bedingungen wir unseren Sinneswahrnehmungen überhaupt vertrauen können, als auch die weitere Frage, welche Reichweite dieses mögliche Erfahrungswissen besitzt.

In Kapitel 4 steht mit dem sogenannten Induktionsproblem eine der umstrittensten Fragen der neuzeitlichen Erkenntnistheorie auf dem Prüfstand: Liefert uns die empirische Erfahrung über vergangene Ereignisse einen hinreichenden Grund, ähnliche Ereignisse in der Zukunft zu erwarten?

Die Fragestellung von Kapitel 5 ist für die menschliche Lebenspraxis insofern von großer Bedeutung, als es hier nicht nur um die persönlichen Werte im Leben des Einzelnen, sondern auch um die moralischen Werte im sozialen Zusammenleben geht. Wenn unser Wissen auf den Inhalt dieser Werte keinen Einfluss haben könnte, so wäre dies offenbar ein sehr betrübliches Ergebnis.

Was die Fragestellung von Kapitel 6 betrifft, so gehen die Meinungen besonders weit auseinander. Während manche Menschen nicht einmal eine Vereinbarkeit von religiösem Glauben und Wissen für möglich halten, sind andere der Meinung, dass ein religiöser Glaube sich sogar auf unser Wissen gründen lässt. Kommt es hier vielleicht darauf an, *welche* Religion zur Debatte steht?

Die sechs genannten Themen werden im Folgenden allgemein verständlich und rein sachbezogen erörtert. Unter «Wissen» wird durchgängig jenes Alltagswissen verstanden, das im Prinzip jeder haben kann. Nicht behandelt werden deshalb die speziellen Fragen der sogenannten Wissenschaftstheorie.

Für wertvolle Kritik danke ich meinem Freund Lothar Fritze.

1. Unter welchen Voraussetzungen wissen wir etwas?

Welche Voraussetzungen müssen erfüllt sein, damit man mit gutem Grund sagen kann, dass ich von einem bestimmten Sachverhalt weiß oder Wissen besitze? Die erste notwendige Voraussetzung, die unmittelbar einleuchtet, ist die, dass ich den Sachverhalt als gegeben annehme, dass ich von dem Satz, der ihn beschreibt, überzeugt bin, dass ich an seine Wahrheit glaube. *Ohne Glauben kein Wissen!*

Ein einfaches Beispiel: Angenommen, ich besitze *nicht* den Glauben oder die Überzeugung, dass der Montblanc in Europa liegt. Vielleicht glaube ich, der Montblanc liegt in Tibet; oder vielleicht besitze ich überhaupt keinen Glauben über den Montblanc, da ich nicht einmal das Wort «Montblanc» kenne. Im einen wie im anderen Fall *weiß* ich offensichtlich nicht, dass der Montblanc in Europa liegt, obschon es tatsächlich ja zutrifft, dass der Montblanc in Europa liegt.

Die zweite Wissensvoraussetzung, die ebenfalls unmittelbar einleuchtet, lautet, dass der Satz, an den ich glaube, auch wirklich wahr ist. Auch wenn ich noch so fest davon überzeugt bin, dass der Montblanc in Tibet liegt, so macht diese Überzeugung oder dieser Glaube den Satz, dass der Montblanc in Tibet liegt, nicht wahr und vermittelt auch kein Wissen. Der Glaube allein versetzt keine Berge – jedenfalls nicht in der Wirklichkeit. *Ohne Wahrheit kein Wissen!*

Sowohl Glaube als auch Wahrheit sind also für Wissen unverzichtbar; sie sind notwendige Bedingungen des Wissens. Sind sie aber auch schon ausreichende Bedingungen? Wissen wir tatsächlich all das, was wir glauben und was außerdem wahr ist? Man könnte versucht sein, dies anzunehmen. Doch diese Annahme wäre, wie folgendes Beispiel zeigt, ein Irrtum.

Beispiel 1. Angenommen, ein Autor A glaubt, dass von seinem letzten Buch bei C. H. Beck bis heute ca. 2000 Exemplare verkauft wurden. Warum glaubt er dies? Nun, vielleicht glaubt er es nur deshalb, weil er darauf hofft; vielleicht glaubt er es aber auch deshalb, weil von seinem vorletzten Buch bei C. H. Beck ein Jahr nach seinem Erscheinen 1993 Exemplare verkauft waren und er deshalb davon ausgeht, dass ungefähr dieselbe Verkaufszahl auch sein letztes Buch ein Jahr nach seinem Erscheinen erreicht haben wird. Nehmen wir nun weiter an, dass, wie der Verlag feststellt, von As letztem Buch tatsächlich bis heute, ein Jahr nach seinem Erscheinen, 2012 und somit ca. 2000 Exemplare verkauft wurden.

Das heißt: Der Sachverhalt, dass von seinem letzten Buch ein Jahr nach seinem Erscheinen ca. 2000 Exemplare verkauft waren, wird 1. von A geglaubt und ist 2. auch wahr. Würden wir aber auch sagen wollen, dass A *weiß,* dass der Sachverhalt wahr ist, dass er also weiß, dass von dem Buch bis heute ca. 2000 Exemplare verkauft wurden? Ganz offensichtlich nicht; denn As Annahme oder sein Glaube an die genannte

Verkaufszahl ist, obschon wahr und auch als wahr erweisbar, zweifellos ganz unberechtigt und irrational. Es ist nämlich sowohl irrational, von einer bloßen Hoffnung ohne weiteres zu einem entsprechenden Glauben überzugehen (was im Übrigen für Hoffnungen bzw. Glaubensannahmen *jeder* Art gilt!). Und es ist ebenfalls irrational, aus einem einzigen früheren Ereignis einen Schluss auf ein in gewisser Hinsicht ähnliches künftiges Ereignis zu ziehen. Es spricht generell nichts dafür, dass der Absatz verschiedener Bücher – auch solcher in demselben Verlag und von demselben Autor – gleich hoch ist.

A weiß also in Wahrheit *nicht*, dass sein Buch bis heute die genannte Verkaufszahl erreicht hat. Und zwar weiß er es deshalb nicht, weil sein entsprechender Glaube, obschon er wahr ist, nicht gerechtfertigt ist. As Glaube wäre gerechtfertigt etwa dann, wenn A sich zuvor von seinem Verlag die entsprechende Information geholt hätte. Und in diesem Fall könnte man gewiss zu Recht sagen, dass A das entsprechende Wissen besitzt. So aber beruht As Glaube auf einer irrationalen Annahme und kann eben deshalb nicht als Wissen gelten. Die dritte unverzichtbare Voraussetzung von Wissen lautet somit: Der Glaube muss nicht nur wahr, er muss auch ausreichend begründet und damit gerechtfertigt sein. *Ohne Rechtfertigung kein Wissen!*

Dass Wissen nicht auf einer irrationalen Annahme beruhen kann, wird besonders deutlich in jenen Fällen, in denen der betreffende Glaube nicht einmal beansprucht, irgendwie begründbar zu sein, sondern auf bloßem Raten beruht wie in folgendem Beispiel.

Beispiel 2. Wenn ich glaube (und sogar darauf wette), dass der FC Bayern München in seinem nächsten Bundesligaspiel o:o spielen wird, dann *weiß* ich dies natürlich nicht. Und ich kann auch dann nachträglich nicht sagen, dass ich es *wusste*, wenn das Spiel tatsächlich o:o ausgegangen ist, wenn meine Voraussage sich also als wahr erwiesen hat und ich mit ihr gutes Geld verdient habe.

Das Wissen, über das wir reden, bezieht sich immer auf eine bestimmte Person und auf einen bestimmten Zeitpunkt. Das zeigen deutlich die beiden Beispiele: Manches Wissen (wie in Beispiel 2) hat zu dem fraglichen Zeitpunkt (vor dem Spiel) niemand – und *kann* zu diesem Zeitpunkt normalerweise auch noch niemand haben; zu dem späteren Zeitpunkt (nach dem Spiel) jedoch haben dieses Wissen offenbar sehr viele Menschen. Ein anderes Wissen (wie in Beispiel 1) haben zu dem fraglichen Zeitpunkt vielleicht ein paar Personen (in der Verkaufsabteilung des Verlages); und es *kann* zu diesem Zeitpunkt bereits jeder haben, der die nötige Information aus dem Verlag erhält.

Es wäre allerdings völlig falsch, den entscheidenden Unterschied zwischen der Wissensmöglichkeit in Beispiel 1 und Beispiel 2 darin zu erblicken, dass der Zeitpunkt, auf den das Wissen sich bezieht, in Beispiel 1 der Gegenwart bzw. der Vergangenheit, in Beispiel 2 dagegen der Zukunft angehört. Es gibt nämlich durchaus auch vergangene Sachverhalte, die gegenwärtig *nicht* gewusst, sowie zukünftige Sachverhalte, die gegenwärtig *gewusst* werden können. So kann heute anscheinend niemand wissen, welche Durchschnittstemperatur im August des Jahres 800 in Aachen herrschte. Andererseits können heute offenbar sehr viele Menschen wissen, dass in Aachen morgen die Sonne aufgehen wird.

Wir haben nun drei Voraussetzungen oder Bedingungen dafür kennengelernt, dass eine Person P einen Sachverhalt s weiß: 1. P muss s glauben; 2. s muss wahr sein; 3. P muss in ihrem Glauben an s gerechtfertigt sein. Jede dieser drei Bedingungen scheint für Wissen notwendig zu sein, und alle drei Bedingungen zusammen scheinen jedenfalls im Normalfall auch für Wissen hinreichend zu sein. Zweifel an der Richtigkeit dieser Behauptung könnte jedoch die folgende Überlegung aufkommen lassen.

Zwar kann mit Sicherheit Bedingung 1 für Wissen nicht ausreichen. Aber könnte nicht vielleicht Bedingung 1 zusammen mit Bedingung 3 ausreichen? Benötigen wir wirklich auch dann, wenn Bedingung 3 erfüllt ist, zusätzlich noch Bedingung 2? Genauer gefragt: Ist Bedingung 2, also die Wahrheit von s, nicht automatisch ebenfalls erfüllt, sofern Bedingung 3, also die Rechtfertigung des Glaubens an s, erfüllt ist? Kann ein Glaube denn gerechtfertigt sein, wenn er nicht gleichzeitig auch wahr ist? Andererseits: Kann der Glaube einer bestimmten Person P nicht zu einem bestimmten Zeitpunkt speziell für P gerechtfertigt sein und trotzdem, objektiv betrachtet, falsch sein und damit auch für P kein eigentliches Wissen darstellen?

Nehmen wir in unserem Beispiel 1 einmal an, dass A seinen Glauben an die Verkaufszahl seines letzten Buches auf eine entsprechende schriftliche Mitteilung seines Verlages stützt. Dann wird man As Glauben doch sicher für gerechtfertigt erklären können. Nehmen wir nun aber weiter an, dass die Mitteilung des Verlages, wie sich später herausstellt, einen Schreibfehler enthält: In Wahrheit waren statt 2012 nur 1012 Exemplare verkauft worden. Würden wir in diesem Fall etwa sagen, dass As falsche, wenn auch seinerzeit gut begründete Annahme auch nach unserem heutigen Stand als Wissen bezeichnet werden kann, dass wir also behaupten dürfen «A wusste seinerzeit, dass ca. 2000 Exemplare seines Buches verkauft waren»? Würden wir nicht vielmehr sagen «Zwar glaubte A damals begründeterweise zu wissen, dass ca. 2000 Exemplare seines Buches verkauft waren. Wie wir heute wissen, war As damaliger Glaube jedoch falsch»?

Allem Anschein nach ist also neben Wissensbedingung 3, der Rechtfertigungsbedingung, Wissensbedingung 2, die Wahrheitsbedingung des betreffenden Glaubens, durchaus unverzichtbar. Wir sehen schon an dieser Stelle, dass die gesamte Fragestellung um die Voraussetzungen unseres Wissens sich jedenfalls nicht mit einigen wenigen Sätzen und ohne allen Zweifel beantworten lässt. Dies wird noch deutlicher werden, wenn wir uns nun die Frage stellen, wie wir die drei genannten Wissensbedingungen genauer zu verstehen haben.

Beginnen wir mit der Bedingung oder Voraussetzung des *Glaubens*. Genügt hierfür eine vage Annahme oder Vermutung? Wohl kaum; um von einer Person P sagen zu können, dass sie einen bestimmten Sachverhalt s *weiß*, muss ich auch sagen können, dass P von s fest überzeugt ist, dass P an der Wahrheit von s nicht zweifelt. Wenn P es etwa nur *hofft* oder vielleicht auch mit Recht für *wahrscheinlich* hält, dass er demnächst einen Ruf an die Universität München erhalten wird, so kann er dies jedenfalls nicht wissen. Um etwas zu wissen, muss man sich der Wahrheit seiner Annahme gewiss sein. Man kann deshalb auch dann, wenn P tatsächlich einen Ruf an die Universität München erhält, nicht sagen, dass P dies vorher wusste.

Weit schwieriger erscheint es, die Bedingung oder Voraussetzung der *Wahrheit* des betreffenden Glaubens näher zu bestimmen. Wann dürfen wir einen Glauben eines Menschen als wahr bezeichnen? Offenbar dann, wenn der betreffende Glaube zutreffend ist, wenn er mit der Realität, mit den Fakten übereinstimmt. Wann aber ist dies der Fall? Und wie können wir herausfinden, ob dies der Fall ist? Welchen Zugang haben wir denn überhaupt zu dieser sogenannten Realität – außer auf dem Weg über unsere jeweils subjektiven Annahmen, auf die wir unsere Überzeugungen, dass etwas wahr ist, stützen? Aber wie können wir herausfinden, ob unsere subjektiven Annahmen mit einer Realität übereinstimmen, zu der wir – außer über diese unsere Annahmen – gar keinen Zugang haben? Bewegen wir uns hier nicht in einem Zirkel, aus dem es keinen Ausweg gibt?

Kommt es deshalb für die Wahrheit eines Glaubens vielleicht auf so etwas wie eine «Übereinstimmung mit der Realität», wie sie die sogenannte Korrespondenztheorie fordert, gar nicht an? Können wir einen Glauben vielmehr einfach dann als wahr bezeichnen, wenn sich alle Menschen in ihm einig sind? Sollte anstelle der Korrespondenz als Kriterium der Wahrheit also, wie die sogenannte Konsenstheorie verlangt, der allgemeine Konsens, die «Übereinstimmung der Menschen», treten?

Doch eine einfache Überlegung zeigt, dass dieses Kriterium zu eng ist. Es gibt nämlich Wahrheiten, über die sich keineswegs alle Menschen – überall und jederzeit – einig sind und waren. Man denke etwa an die Annahme, die Erde gleiche in ihrer Form anstatt einer Scheibe einer Kugel – eine Annahme, von der auch heute noch keineswegs alle Europäer überzeugt sind.

Sollte man also vielleicht sagen, es komme zwar nicht auf den Konsens *aller* Menschen an, wohl aber auf den Konsens aller *vernünftigen* Menschen? Können sich aber nicht auch «vernünftige Menschen» gelegentlich in der Wahrheit irren? So haben in früheren Zeiten bekanntlich sogar berühmte Wissenschaftler geglaubt, dass die Erde einer Scheibe gleiche. Und außerdem: Wie bestimmen wir überhaupt, welche Menschen als vernünftig zu gelten haben? Sind als vernünftig nicht am ehesten solche Menschen zu bezeichnen, die in der Regel genau das glauben, was auch wahr ist? Sind wir, so gesehen, aber nicht wieder in einem ganz ähnlichen Zirkel gefangen wie im Fall der Korrespondenztheorie der Wahrheit?

Und ist die Einigkeit aller bzw. aller vernünftigen Menschen nicht auch noch in den folgenden beiden Hinsichten problematisch?

1. Kann ich nicht auch ohne jeden Konsens mit meinen Mitmenschen etwa das Wissen besitzen, dass in meinem Arbeitszimmer ein Schreibtisch steht, den ich seit Jahren fast täglich im Blick habe? Und folgt daraus nicht, dass es für die Wahrheit meines entsprechenden Glaubens jedenfalls auf die *tatsächliche* Zustimmung meiner Mitmenschen gar nicht ankommt? Ist insoweit also nicht auch die Wahrheitsbedingung des Konsenses aller Vernünftigen noch zu eng? Und wäre andererseits das Abstellen auf die bloß *hypothetische* Zustimmung meiner Mitmenschen – dass sie mir zustimmen

würden, falls sie sich in meiner Situation befänden – für die Praxis wenig hilfreich, da wir genau das ja häufig gar nicht ermitteln können.

2. Würden wir ohne weiteres sagen wollen, dass etwa der Satz «Eichhörnchen sind schön» wahr ist – unter der Bedingung, dass insoweit alle Menschen übereinstimmen? Wäre das nicht an die sehr fragwürdige Voraussetzung gebunden, dass ästhetische Urteile ihrer Natur nach überhaupt wahr sein *können*? Ist insoweit also die Konsenstheorie der Wahrheit nicht auch zu weit?

Wie könnten nach alledem die Voraussetzungen lauten, unter denen ein Glaube oder eine Behauptung wahr ist? Meines Erachtens lässt sich die Frage in dieser allgemeinen Form nicht zufriedenstellend beantworten. Der Grund ist dieser: Das, was offenbar Gegenstand eines wahren Glaubens sein kann, kann in seinem Inhalt ganz unterschiedlicher Natur sein. Man betrachte die folgenden Beispiele für typische Glaubensannahmen, die jeweils mit einem Wahrheitsanspruch verbunden werden.

1. Mein Glaube, dass vor mir jetzt ein Schreibtisch steht.
2. Mein Glaube, dass ich den Schreibtisch vor Jahren gekauft habe.
3. Mein Glaube, dass der Schreibtisch auch morgen noch in meinem Arbeitszimmer stehen wird.
4. Mein Glaube, dass alle Menschen sterben müssen.
5. Mein Glaube, dass vor ca. 500 Jahren Martin Luther gelebt hat.
6. Mein Glaube, dass auch meine Mitmenschen manchmal Schmerzen haben.

7. Mein Glaube, dass die Erde rund ist.
8. Mein Glaube, dass es Atome gibt.
9. Mein Glaube, dass alle Frauen Menschen sind.
10. Mein Glaube, dass zwei plus eins gleich drei ist.

Alles dies sind Glaubensinhalte bzw. Aussagen mit Wahrheitsanspruch, wie sie mit gleichem oder sehr ähnlichem Inhalt sicher sehr viele Menschen machen würden. Schon eine oberflächliche Betrachtung zeigt aber, dass diese Annahmen als solche ganz *unterschiedlicher Art* sind. Worin die Unterschiede genauer bestehen, werden wir in den folgenden Kapiteln noch im Einzelnen sehen. Jedenfalls spricht vieles dafür, dass diese Unterschiede auch entsprechend unterschiedliche Wahrheitsbedingungen für die jeweiligen Glaubensannahmen zur Folge haben.

Man betrachte und vergleiche einmal die Annahmen Nr. 1, Nr. 4 und Nr. 10. Erscheint es nicht schon auf den ersten Blick als sehr unwahrscheinlich, dass diese drei Annahmen sich auf ein und dieselbe Weise als wahr erweisen lassen? Wenn diese Vermutung aber zutrifft, werden wir die Wahrheitsbedingungen für die jeweilige *Art* von Annahmen gesondert prüfen müssen. Und das erfordert wiederum, dass wir die verschiedenen Arten zuvor in ihrer Verschiedenheit erkannt und zutreffend beschrieben haben.

Außerdem ist zu bedenken, dass es auch Arten von Überzeugungen oder Glaubensannahmen gibt, deren Wahrheitsfähigkeit unter den Menschen mehr oder weniger umstritten ist. Ich denke hier an die schon erwähnten Annahmen ästhetischer Art. Und ich denke vor allem an die sonstigen Annahmen wertender, insbesondere moralischer Art, die in Kapitel 5, sowie an die Annahmen religiöser Art, die in Kapitel 6 zur Erörterung anstehen.

Bei diesen Annahmen geht es weniger um die Frage, unter welchen Bedingungen sie im Einzelfall als wahr gelten können, als vielmehr um die grundsätzlichere Frage, ob Annahmen dieser Art – also moralische und religiöse Annahmen – ihrer Natur nach *überhaupt geeignet* sind, unter irgendwelchen Bedingungen als wahr betrachtet zu werden. Jedenfalls sind derartige Annahmen – sowohl verglichen mit den zehn oben beispielhaft genannten Annahmen als auch untereinander – so unterschiedlich, dass ihr Wahrheitsanspruch eine jeweils gesonderte Behandlung erfordert.

Damit komme ich zur dritten Bedingung des Wissens, der Bedingung oder Voraussetzung der *Rechtfertigung* des betreffenden Glaubens: Damit ein Glaube im Sinne einer subjektiven Annahme gleichzeitig ein Wissen beinhalten kann, muss der Glaube, wie wir sahen, nicht nur wahr, sondern auch gerechtfertigt oder ausreichend begründet sein. Was aber muss vorliegen, damit wir einen Glauben als gerechtfertigt bezeichnen können?

Wenn wir uns die obigen zehn Beispiele anschauen, dürfte sofort deutlich werden, dass es auch bei der Frage der Rechtfertigung auf die spezielle *Art* der Glaubensannahme ankommt. So lässt sich etwa mein Glaube, dass vor mir jetzt ein Schreibtisch steht, natürlich nicht auf dieselbe Art rechtfertigen wie mein Glaube, dass alle Menschen sterben müssen, oder wie mein Glaube, dass alle Frauen Menschen sind. Wir müssen also die Erörterung des Rechtfertigungsproblems ebenso wie die des Wahrheitsproblems auf die folgenden Kapitel verschieben. Dabei wird es sich im Lauf unserer Unter-

suchung zeigen müssen, ob sich alle diese zehn Glaubens-
annahmen, die wir normalerweise ja als Gegenstand des
Wissens ansehen würden, auch wirklich im Rahmen der
Fragestellung der Kapitel 2 bis 4 als Wissen erweisen lassen.
Denn unter die Fragestellung der Kapitel 5 und 6 fallen sie
gewiss nicht.

In diesem Zusammenhang möchte ich noch einmal auf die
Frage zurückkommen: Gibt es wirklich einen Unterschied
zwischen wahrem und gerechtfertigtem Glauben? Laufen
Wahrheit und Rechtfertigung nicht letztlich doch auf dasselbe hinaus? Unsere obigen Beispiele (S. 12 ff.) sprachen
zwar für die Auffassung, dass dies nicht der Fall ist. Ich
möchte diese Auffassung hier jedoch auch *allgemein* begründen. Zwei Fragen sind zu unterscheiden: 1. Ist jeder wahre
Glaube notwendig auch ein gerechtfertigter Glaube? 2. Ist
jeder gerechtfertigte Glaube notwendig auch ein wahrer
Glaube?

Die negative Antwort auf die erste Frage ist ohne weiteres
einleuchtend. Ein Glaube oder eine Annahme, gleichgültig
welcher Art, können immer auch rein zufällig wahr sein.
Dies wird zum Beispiel auf die Annahme mancher Leute
zutreffen, dass Goethe älter geworden ist als Schiller; sie
könnten nämlich, was ihren wirklichen Kenntnisstand in der
Sache angeht, ebenso gut das Gegenteil annehmen. Und es
kann etwa auf den Glauben zutreffen, dass es derzeit in der
Welt mehr Muslime als Katholiken gibt. Denn diesen Glauben, der wahr ist, werden sicher auch einige Menschen haben, die keinerlei Rechtfertigung für ihn besitzen, sondern
vielleicht nur deshalb zu ihm gelangt sind, weil Muslime in
den vergangen Jahren weltweit mehr Aufsehen als Katho-

liken erregt haben. So gesehen, *wissen* die Betreffenden in Wirklichkeit nicht, dass Goethe älter geworden ist als Schiller bzw. dass es derzeit in der Welt mehr Muslime als Katholiken gibt.

Die negative Antwort auf die zweite der obigen Fragen ist weniger selbstverständlich, jedoch wie folgt sehr gut begründbar. Was immer die näheren Voraussetzungen sein mögen, unter denen man einen Glauben als *wahr* beurteilen kann: Ob diese Voraussetzungen erfüllt sind, kann immer nur bezogen auf jene Beweismittel entschieden werden, die dem *Urteilenden zum Zeitpunkt des Urteils* verfügbar sind. Wenn ich heute ein Urteil darüber abgeben will, ob der – von wem auch immer wann auch immer vertretene – Glaube, dass Sonne und Mond sich um die Erde als Mittelpunkt bewegen, wahr oder falsch ist, muss ich notwendigerweise auf jene Beweismittel Bezug nehmen, die *mir heute* verfügbar sind.

Und was immer die näheren Voraussetzungen sein mögen, unter denen man einen Glauben als *gerechtfertigt* beurteilen kann: Ob diese Voraussetzungen erfüllt sind, kann immer nur unter Bezug auf jene Beweismittel entschieden werden, die dem *Glaubenden zum Zeitpunkt des Glaubens* verfügbar sind. Um heute ein Urteil darüber abzugeben, ob der Glaube des griechischen Astronomen Ptolemäus, dass Sonne und Mond sich um die Erde als Mittelpunkt bewegen, *gerechtfertigt* war, muss ich also auf die *Ptolemäus damals* verfügbaren Beweismittel Bezug nehmen. Um heute jedoch urteilen zu können, dass Ptolemäus, ob in seiner Annahme gerechtfertigt oder nicht, insoweit jedenfalls kein Wissen besaß, weil die Annahme nicht *wahr* ist, muss ich auf die *mir heute* verfügbaren Beweismittel Bezug nehmen.

Das Urteil über die Wahrheit und das Urteil über die Rechtfertigung eines Glaubens können danach selbst dann auseinanderfallen, wenn Glaube und Urteil zeitgleich stattfinden, wenn dem Urteilenden und dem Glaubenden jedoch *unterschiedliche* Beweismittel für ihre Überzeugungen zur Verfügung stehen. So war der amerikanische Normalbürger zu Beginn des Irakkrieges auf der Basis der ihm zugänglichen Informationen vermutlich gerechtfertigt zu glauben, dass dieser Krieg der Verteidigung der USA gegen einen bevorstehenden Angriff diene, obschon die Verantwortlichen für den Krieg und ihre Gewährsleute schon damals durchaus wussten, dass dies nicht der Fall war.

Manche Philosophen meinen, dass es im Grunde so etwas wie Wissen gar nicht geben kann. Denn Wissen geht, wie wir sahen, ja Hand in Hand mit einer festen, sicheren Überzeugung: Wenn ich weiß, dass ich Eigentümer eines Hauses bin, kann ich nicht gleichzeitig auch daran zweifeln, dass dies zutrifft. Kann eine solche Sicherheit oder Zweifelsfreiheit aber, so fragen die betreffenden Philosophen, überhaupt jemals als legitim gelten? Sind nicht stets Umstände denkbar, die jede noch so gut begründete Annahme im Nachhinein als falsch erweisen können? Kann ich mich denn nicht täuschen, wenn ich glaube, dass ich Eigentümer eines Hauses bin oder dass vor mir jetzt ein Schreibtisch steht? Und könnte sich eines Tages nicht sogar herausstellen, dass unser derzeitiges astronomisches Weltbild gar nicht haltbar ist – ebenso wie sich vor einigen Jahrhunderten herausgestellt hat, dass das ptolemäische Weltbild nicht haltbar ist? Kann deshalb eigentlich nicht jede Annahme, wie gut begründet sie auch sein mag, nie mehr als eine – mehr oder weniger glaubwürdige – *Vermutung* sein?

Diese Sichtweise hat bei realistischer Betrachtung wenig für sich. Richtig ist zwar, dass stets die logische Möglichkeit besteht, dass eine Annahme falsch ist. Und richtig ist auch, dass es Annahmen gibt, die jemand zwar verbunden mit einer sicheren Überzeugung sowie mit einem berechtigten Wissensanspruch vertritt, die sich im Nachhinein jedoch als falsch erweisen. Dies ist in der Vergangenheit vorgekommen, und dies wird vermutlich auch in der Zukunft vorkommen.

Aus alledem folgt aber nicht notwendig, dass wir nicht jene Annahmen, an denen wir auf dem Stand unserer gegenwärtigen Erkenntnismöglichkeiten und Beweismittel keinerlei Zweifel zu haben brauchen, durchaus als «sicheres Wissen» – verstanden im Sinne von «für uns sicheres Wissen» – bezeichnen können. Sicheres Wissen ist insofern etwas anderes als *unfehlbares* Wissen. Ich kann doch durchaus zugeben, dass es denkbar oder logisch möglich ist, dass vor mir jetzt *kein* Schreibtisch steht. Denn es wäre ja denkbar, dass vor mir ein Esstisch steht und ich entweder an Sehstörungen leide oder mit dem Wort «Schreibtisch» die falsche Bedeutung verbinde. Trotzdem kann ich behaupten, zur Zeit jedenfalls als sicher annehmen zu dürfen und zu wissen, dass vor mir ein Schreibtisch steht, da zur Zeit nicht der geringste Grund für mich besteht, an diesem Wissen zu zweifeln. Denn es gibt bislang keinerlei Indizien etwa für die Annahme, dass ich unter Sehstörungen leide oder dass ich meine sprachliche Kompetenz verloren habe.

Ich würde es für wenig informativ, ja für irreführend halten, wenn ich etwa sagen würde, dass ich nur im Sinne einer

Hypothese *vermute*, dass vor mir jetzt ein Schreibtisch steht, oder dass alle Menschen sterben müssen oder dass die Erde rund ist. Denn es gibt eine Vielzahl von Gelegenheiten, bei denen ich tatsächlich und mit gutem Grund sage, dass ich etwas nur vermute bzw. für (mehr oder weniger) wahrscheinlich halte. So würde ich etwa sagen, dass ich vermute, dass es sich bei dem Tier, das ich in einiger Entfernung von meinem Haus gerade durch den Wald laufen sehe, um einen Fuchs handelt, oder dass es zu meinen Lebzeiten keinen neuen Weltkrieg geben wird oder dass der gegenwärtige Klimawandel nicht nur naturbedingt ist.

Ich würde es in der Tat für unangemessen und irreführend halten, wenn ich alle sechs soeben genannten Annahmen, die ich mache, unterschiedslos einfach als «Vermutungen» bezeichnen und damit über einen Kamm scheren würde. Es gibt nun einmal Annahmen, in denen wir uns – vernünftigerweise – durchaus sicher fühlen, und Annahmen, die wir – ebenfalls vernünftigerweise – nur mit einer gewissen Wahrscheinlichkeit verbinden. Die Tatsache, dass es für keine einzige unserer Annahmen oder Überzeugungen so etwas wie die *unfehlbare Garantie einer absoluten Wahrheit* gibt, ändert am Bedeutungsgehalt und an der Zweckmäßigkeit dieser Unterscheidung nichts.

2. Was wissen wir durch logisches Denken?

Es gibt, wie schon gesagt, sehr unterschiedliche Arten von Wissen. So ist etwa mein Wissen, dass zwei plus eins gleich drei ($2+1=3$) ist, offenbar von ganz anderer Art als mein Wissen, dass in meinem Arbeitszimmer ein Schreibtisch steht. Worin besteht der Unterschied?

Mein Wissen, dass in meinem Arbeitszimmer ein Schreibtisch steht, betrifft eine Tatsache der wahrnehmbaren Welt und wird mir vermittelt durch die Sinne. Ganz anders verhält es sich mit meinem Wissen, dass zwei plus eins gleich drei ist. Dieses Wissen beruht nämlich auf einer Beziehung oder Relation zwischen sprachlichen Ausdrücken: Ich brauche nur die sprachliche Bedeutung der in der Aussage vorkommenden fünf Ausdrücke («zwei», «eins», «drei», «plus» und «ist gleich») zu kennen, um sagen zu können, dass die Aussage wahr ist. Eine sinnliche Wahrnehmung benötige ich hierzu nicht.

Es ist also nicht etwa so, dass unser Wissen der Tatsache, dass zwei plus eins gleich drei ist, darauf beruht, dass wir immer dann, wenn wir in der Realität zwei Objekte mit einem Objekt zusammenbringen, die zusammengebrachten Objekte als drei Objekte sinnlich wahrnehmen. Letzteres ist zwar oft der Fall: Wenn ich zwei Jungen und ein

Mädchen in ein leeres Zimmer sperre, kann ich anschließend drei Kinder in dem Zimmer wahrnehmen. Es ist aber keineswegs immer der Fall: Wenn ich zwei Katzen und eine Maus in einen leeren Käfig sperre, kann ich anschließend unter Umständen nur zwei Tiere in dem Käfig wahrnehmen.

Dass zwei plus eins gleich drei ist, beruht lediglich auf der sprachlichen Bedeutung der in der Aussage enthaltenen Ausdrücke: Jeder, der diese Ausdrücke versteht, wird die Aussage für wahr, ja ihre Wahrheit für notwendig halten. Dass die Aussage wahr ist, erscheint logisch zwingend; ihre Wahrheit ist, so gesehen, eine *logische* Wahrheit. Häufig wird eine in diesem Sinn logische Wahrheit auch als *analytische* Wahrheit bezeichnet.

Ihrem Wesen nach ist die Aussage bekanntlich eine mathematische Aussage, die sich, wie oben dargestellt, in derselben Bedeutung auch mithilfe mathematischer Zeichen ausdrücken lässt. Sofern auch weitere, ja vielleicht sogar sämtliche mathematischen Aussagen ihre Wahrheit der Bedeutung der in ihnen vorkommenden Zeichen oder Ausdrücke verdanken (wofür vieles spricht), ist auch ihre Wahrheit eine logische Wahrheit.

Aber auch wenn sämtliche mathematischen Wahrheiten logische Wahrheiten sind, so sind doch mit Sicherheit nicht sämtliche logischen Wahrheiten auch mathematische Wahrheiten. Es gibt auch logische Wahrheiten, die sich durch mathematische Zeichen nicht ausdrücken lassen und doch auf der Bedeutung der verwendeten Ausdrücke beruhen. Beispiele sind die Wahrheiten, dass alle Junggesellen unverheiratet sind und dass alle Frauen Menschen sind.

Die wichtigsten logischen Wahrheiten, die nicht mathematischer Art sind, betreffen *gültige* – logisch gültige – *Argumente*. Als Argument gilt eine Folge von Aussagen, deren abschließende Aussage (die Schlussfolgerung oder Konklusion des Arguments) durch die vorangehenden Aussagen (die Voraussetzungen oder Prämissen des Arguments) begründet werden sollen. Ein Argument kann eine oder mehrere Prämissen haben. Gültig ist ein Argument genau dann, wenn die Begründung logisch korrekt ist, das heißt, wenn die Konklusion logisch aus den Prämissen folgt, das heißt, wenn der Wahrheitsgehalt der Prämissen notwendigerweise auf die Konklusion übergeht: *Falls* die Prämissen des Arguments wahr sind, ist *zwingend* auch die Konklusion des Arguments wahr. Dies zeigt das folgende, vielzitierte Beispiel.

Argument 1.
Prämisse 1: Alle Menschen sind sterblich.
Prämisse 2: Sokrates ist ein Mensch.
Konklusion: Sokrates ist sterblich.

Doch auch Argumente, deren Prämissen tatsächlich *nicht* wahr sind, können gültig sein.

Argument 2.
Prämisse 1: Alle Affen sind größer als zwei Meter.
Prämisse 2: George W. Bush ist eine Affe.
Konklusion: George W. Bush ist größer als zwei Meter.

Argument 2 ist offensichtlich ebenso gültig wie *Argument 1*, da es genau dieselbe Struktur wie dieses hat. Trotzdem sind alle drei Aussagen in *Argument 2* falsch. Ja, die Konklusion eines logisch gültigen Arguments kann sogar wahr sein, obschon sämtliche Prämissen falsch sind.

Argument 3.
Prämisse 1: Alle Affen sind größer als ein Meter.
Prämisse 2: George W. Bush ist ein Affe.
Konklusion: George W. Bush ist größer als ein Meter.

Auch dieses Argument ist wegen seiner Struktur zweifellos gültig. Es kommt nach alledem für die Gültigkeit eines Arguments auf die *tatsächliche* Wahrheit seiner Konklusion gar nicht an. Gültig ist ein Argument vielmehr immer dann, wenn, *für den Fall,* dass die Prämissen wahr sind, die Konklusion ebenfalls – und zwar notwendigerweise – wahr ist.

Ein gültiges Argument kann, wie schon gesagt, auch nur *eine* Prämisse haben.

Argument 4.
Prämisse: Immanuel Kant war ein Philosoph.
Konklusion: Immanuel Kant war ein Philosoph, oder alle Menschen sind sterblich.

Argument 4 ist gültig, weil die Konklusion in ihrer Gesamtheit schon dann zwingend wahr ist, wenn auch nur *eine* ihrer beiden Teilaussagen – sei es die erste Teilaussage, also die Prämisse, oder die zweite Teilaussage – wahr ist. Denn das besagt die Bedeutung des Wortes «oder». Die Wahrheit einer einzigen Prämisse reicht hier also aus, um die Wahrheit der Konklusion sicherzustellen. Neben dieser wahren Prämisse kann jede beliebige weitere Aussage, ob wahr oder falsch, als zweite Teilaussage in die Konklusion eingehen, ohne dass das Argument dadurch seine Gültigkeit verliert. Falls die Prämisse wahr ist, kommt es auf die Wahrheit der zweiten Teilaussage überhaupt nicht an.

Argument 5.
Prämisse: Immanuel Kant war ein Philosoph.
Konklusion: Immanuel Kant war ein Philosoph, oder alle Menschen sind unsterblich.

Auch *Argument 5* ist offenbar ebenso gültig wie *Argument 4.* Ist alles dies aber wirklich uneingeschränkt richtig? Das heißt: Folgt aus der Bedeutung des Wortes «oder» wirklich, dass es für die Wahrheit der Konklusion auf die Wahrheit der zweiten Teilaussage überhaupt nicht ankommt? Ich möchte nun zeigen, dass dies keineswegs unter allen Umständen der Fall ist.

Nehmen wir an, ich habe von einem Versandunternehmen einen Artikel bestellt und sende ihn zurück, da er mir nicht gefällt. In den Verkaufsbedingungen des Unternehmens lese ich den Satz «Bei Rücksendung des gekauften Artikels erhält der Kunde den Kaufpreis erstattet oder gutgeschrieben». Tatsächlich aber bekomme ich als Folge meiner Rücksendung den Kaufpreis sowohl erstattet als auch gutgeschrieben. Kann ich unter diesen Umständen wirklich annehmen, dass das Unternehmen sich im Einklang mit seinen Verkaufsbedingungen verhalten hat? Wohl kaum; ich muss vielmehr annehmen, dass es sich bei der Erstattung *und* der Gutschrift des Kaufpreises um ein Versehen handelt, das ich anständigerweise dem Unternehmen mitzuteilen habe, damit es die vorgenommene Gutschrift wieder rückgängig macht.

Wenn dies richtig ist, dann muss das Wort «oder» hier ganz offenbar in einem *ausschließenden* – die Wahrheit *beider* Teilaussagen ausschließenden – Sinn verstanden werden. Wenn man «oder» aber in diesem ausschließenden Sinn von «entweder-oder» versteht, dann ist damit meine obige Behauptung unvereinbar, dergemäß es in den angeführten Argumenten «für die Wahrheit der Konklusion auf die Wahrheit der zweiten Teilaussage überhaupt nicht ankommt». Denn dann kann die jeweilige Konklusion nur wahr sein, wenn *eine* der beiden Teilaussagen falsch ist. Das aber bedeutet, dass auch in den angeführten Argumenten die *zweite* Teilaussage falsch sein muss, da ja die erste Teilaussage, die Prämisse des Arguments, wahr ist. Die Konklusion «Immanuel Kant war ein Philosoph, oder alle Menschen sind sterblich» wäre demnach falsch, und *Argument 4* wäre ein Fehlschluss. Dies gilt, wie gesagt, wenn man «oder» im Sinn von «entweder-oder» versteht.

Wir benutzen «oder» in der Umgangssprache *sowohl* in einem ausschließenden *als auch* in einem (die Wahrheit beider Teilaussagen) einschließenden Sinn. Ohne Zweifel im letzteren Sinn wird das Wort etwa benutzt, wenn auf der Parkfläche eines Supermarkts einige Parkplätze den Hinweis tragen «Für Schwerbehinderte oder Frauen mit Kind». Niemand würde hier wohl auf die Idee kommen, einer schwerbehinderten Frau mit Kind das Parkrecht abzusprechen.

Der Leser mag sich selbst überlegen, in welcher der beiden möglichen Bedeutungen das Wort in der Aussage «Immanuel Kant war ein Philosoph, oder alle Menschen sind sterblich» benutzt wird. Ich könnte mir denken, dass es auf diese Frage keine eindeutige Antwort gibt, da derart merkwürdige Satzverbindungen in der Alltagssprache kaum vorkommen. Logiker gehen deshalb gewöhnlich so vor, dass sie sich für ihre Untersuchungen formaler Art einfach für eine, und zwar für die einschließende Bedeutung von «oder» *entscheiden*. Und gegen diese Entscheidung ist nichts einzuwenden, sofern man sich der Tatsache bewusst bleibt, dass die gewählte Bedeutung keineswegs sämtlichen Verwendungen des Wortes in unserer Umgangssprache Rechnung trägt.

In der sogenannten mathematischen, symbolischen oder formalen Logik werden gewisse, besonders häufige Aussagen der Umgangssprache – Aussagen, in denen Ausdrücke wie «alle», «einige», «und», «oder», «nicht» vorkommen – durch bestimmte Zeichen oder Symbole wiedergegeben. Das hat zur Folge, dass die aus diesen Aussagen bestehenden Argumente transparenter werden und so viel einfacher auf ihre Gültigkeit hin überprüft werden können.

Dass häufig jedoch schon die Umgangssprache, die hier allein zur Debatte steht, völlig ausreicht, um zu wichtigen logischen Erkenntnissen von erheblicher Tragweite zu führen, mögen die beiden folgenden, miteinander in Verbindung stehenden Argumente zeigen.

Argument 6.
Prämisse: Immanuel Kant war ein Philosoph.
Konklusion: Immanuel Kant war ein Philosoph, oder David Hume war ein Komponist.

Argument 7.

Prämisse 1: Immanuel Kant war ein Philosoph, oder David Hume war ein Komponist.

Prämisse 2: Immanuel Kant war kein Philosoph.

Konklusion: David Hume war ein Komponist.

Diese Argumente sind beide gültig (und zwar unabhängig davon, ob wir «oder» im ausschließenden oder im einschließenden Sinn verstehen). Dass *Argument 6* gültig sein muss, haben wir – anhand der *Argumente 4* und *5* – schon gesehen. Aber auch dass *Argument 7* gültig ist, ergibt sich aus dem bereits Gesagten: Wenn eine Aussage aus zwei durch «oder» verbundenen Teilaussagen besteht, muss, sofern die gesamte Aussage wahr ist, jedenfalls eine der beiden Teilaussagen ebenfalls wahr sein. Da aber gemäß Prämisse 2 die erste Teilaussage von Prämisse 1 falsch ist, kann die zweite Teilaussage von Prämisse 1 nur wahr sein.

Aus alledem folgt: Wenn die Prämisse von *Argument 6* wahr ist, muss auch Prämisse 1 von *Argument 7* – als Konlusion von *Argument 6* – wahr sein. Und wenn die beiden Prämissen von *Argument 7* wahr sind, muss auch die Konklusion von *Argument 7* wahr sein. Tatsächlich aber ist die Konklusion von *Argument 7*, wie wir wissen, falsch, und die Erklärung hierfür ist nicht schwer. Denn tatsächlich ist ja auch Prämisse 2 von *Argument 7* falsch, so dass die Gültigkeit des Arguments die Wahrheit der Konklusion nicht garantieren kann.

Das Besondere hier ist, dass Prämisse 2 von *Argument 7* nicht einfach falsch ist, sondern außerdem zur Prämisse von *Argument 6,* aus der Prämisse 1 von *Argument 7* ja abgeleitet ist, in logischem Widerspruch steht. Zwei Aussagen, die zueinander in logischem Widerspruch stehen, *können* aber nicht beide wahr sein. Genau dieser logische Widerspruch führt deshalb dazu, dass die zweite Teilaussage der Prämisse 1 von *Argument 7* sich aus den Prämissen 1 und 2 desselben Arguments ableiten lässt und so zu einer gültigen Konklusion wird.

Die erschreckende Folge dieser Besonderheit aber ist: Die zweite Teilaussage der Prämisse 1 von *Argument 7* und damit die Konklusion dieses Arguments kann lauten, wie sie will; sie kann *jeden beliebigen Inhalt* haben! Ob sie wahr oder falsch, ja geradezu absurd ist, ändert an der Schlüssigkeit des Arguments gar nichts. Statt «David Hume war ein Komponist» könnte sie ebensogut auch lauten «David Hume war ein Philosoph» oder «Alle Tiere sind unsterblich».

Aus alledem ergibt sich die folgende wichtige Erkenntnis: Falls in *irgendeiner* Untersuchung oder Überlegung Aussagen enthalten sind, die in einem logischen Widerspruch zueinander stehen, so lässt sich aus diesen Aussagen *jede beliebige* weitere Aussage logisch gültig ableiten. Man braucht (wie oben geschehen) nur – in einem ersten Schritt – aus der einen Aussage (Aussage 1) eine zweiteilige Aussage mit «oder», deren eine Teilaussage Aussage 1 und deren andere Teilaussage die gewünschte Konklusion ist, abzuleiten und dann – in einem zweiten Schritt – aus dieser zweiteiligen Aussage und der zu Aussage 1 in Widerspruch stehenden Aussage 2 die Konklusion als solche abzuleiten. Man sieht hier, wie enorm wichtig in jeder Wahrheit beanspruchenden Darstellung die Konsistenz oder logische Widerspruchsfreiheit *sämtlicher* Aussagen ist. Ein einziger logischer Widerspruch ist für ein denkerisches Unternehmen weitaus gefährlicher als zehn extreme Unwahrheiten!

Kommen wir nun zu den folgenden Argumenten, die ebenfalls nur eine Prämisse haben.

Argument 8.
Prämisse: Wer ein Terrorist ist, ist ein Verbrecher.
Konklusion: Wer kein Verbrecher ist, ist kein Terrorist.

Argument 9.
Prämisse: Wer ein Terrorist ist, ist ein Verbrecher.
Konklusion: Wer ein Verbrecher ist, ist ein Terrorist.

Aus der jeweiligen Prämisse (gleichbedeutend mit «Alle Terroristen sind Verbrecher») folgt offenbar die erste, nicht aber die zweite Konklusion. Das *Argument 8* ist also gültig, das *Argument 9* dagegen ungültig und ein Fehlschluss. Es gibt ja bekanntlich eine Vielzahl ganz unterschiedlicher Verbrechen bzw. Verbrecher: Wer etwa einen Bankraub oder eine Vergewaltigung begeht, ist zwar ein Verbrecher, aber nicht unbedingt ein Terrorist. Im Alltag – auch in den Medien – begegnet man jedoch nicht selten Fehlschlüssen, die genau die Struktur des *Argumentes 9* haben. Dass der normale Bürger dies oft übersieht, liegt unter anderem daran, dass die Fehlschlüsse sich bisweilen in relativ verschachtelten Sätzen finden und deshalb selten so leicht erkennbar sind wie im obigen Fall.

Wie leicht Menschen im Alltag selbst bei solchen Argumenten zu Fehlschlüssen neigen, deren Struktur nicht eigentlich kompliziert ist, mag das folgende Beispiel zeigen. An-

genommen, jemand sagt: «Während des ‹Dritten Reiches›
waren die Deutschen Antisemiten». Und nach einer Begründung für seine Behauptung gefragt, sagt er: «Nun, wie jeder
weiß, waren die Nazis doch Antisemiten. Und die Nazis
waren ja außerdem auch Deutsche». Dieser Begründung
scheint das folgende Argument zugrunde zu liegen:

Argument 10.
Prämisse 1: Die Nazis waren Antisemiten.
Prämisse 2: Die Nazis waren Deutsche.
Konklusion: Die Deutschen waren Antisemiten.

Argument 10 ist jedoch keineswegs gültig, sondern ein typischer Fehlschluss. Man sieht dies sofort, wenn man statt der
drei in dem Argument vorkommenden Hauptwörter etwa
die Wörter «Löwen», «gefährlich» und «Säugetiere» einsetzt.
Das neue Argument lautet dann wie folgt:

Argument 11.
Prämisse 1: Die Löwen sind gefährlich.
Prämisse 2: Die Löwen sind Säugetiere.
Konklusion: Die Säugetiere sind gefährlich.

Was aus den beiden Prämissen von *Argument 11* tatsächlich
folgt, ist offenbar lediglich die Konklusion «Einige Säugetiere sind gefährlich». Und dementsprechend folgt aus den
beiden Prämissen von *Argument 10* lediglich die Konklusion
«Einige Deutsche waren Antisemiten».

Mit dieser Widerlegung von *Argument 10* ist natürlich die
Aussage selbst «Die Deutschen waren Antisemiten» in kei-

ner Weise widerlegt. Es ist lediglich gezeigt, dass diese Aussage durch die beiden zur Begründung angeführten Aussagen – die Prämissen des Arguments – nicht schlüssig begründet werden kann: Dass die beiden Aussagen wahr sind, ist sowohl mit der Falschheit als auch mit der Wahrheit der zu begründenden Aussage völlig vereinbar.

Besonders bemerkenswert an allen sechs Aussagen der *Argumente 10* und *11* ist, dass sie ein hohes Maß an Unbestimmtheit aufweisen. Das wird deutlich, wenn wir uns fragen, was denn eigentlich die Prämisse 1 von *Argument 10* genau bedeutet. Ich denke hier nicht daran, dass die beiden Begriffe «Nazis» und «Antisemiten» zweifellos eine gewisse Vagheit besitzen. Ich meine vielmehr die Tatsache, dass der bestimmte Artikel «die», der ja in allen sechs Aussagen vorkommt, alles andere als präzise ist. Der Leser möge sich zunächst selbst einmal fragen, in welcher genauen Bedeutung er diesen Artikel in jeder der sechs Aussagen versteht.

Könnte es sein, dass er das «die» in einigen der Aussagen im Sinn von «alle», in anderen aber lediglich im Sinn von «fast alle» oder sogar nur im Sinn von «die meisten» versteht? Jemand, der die Konklusion von *Argument 10* für wahr hält, wird das «die» in dieser Aussage wohl kaum im Sinn von «alle» oder «fast alle» verstehen wollen. Schließlich lebten jedenfalls zu Beginn des «Dritten Reiches» in Deutschland einige hunderttausend Menschen, die sowohl Deutsche als auch Juden waren, und die allermeisten *dieser* Menschen waren gewiss keine Antisemiten.

Tatsächlich besitzt die Konklusion von *Argument 10* am ehesten irgendeine Plausibilität, wenn man das «die» lediglich im Sinn von «die meisten» versteht. Doch auch dieses Verständnis macht das *Argument 10* unter keinen Umständen gültig: Sogar unter der Voraussetzung, dass *alle* Nazis sowohl Antisemiten als auch Deutsche waren, folgt nämlich keineswegs, dass *die meisten* Deutschen Antisemiten waren. Mit der Wahrheit der Prämissen wäre es ja vollkommen vereinbar, dass die Nazis – und damit auch die Antisemiten – nur wenige Prozent der Deutschen ausmachten.

Dass eine Spezialdisziplin wie die mathematische oder formale Logik nur einen Teil des logischen Denkens erfassen kann, dürften die letzten Argumente gut gezeigt haben. Denn bei der Entscheidung der Frage, wie wir Aussagen mit dem bestimmten Artikel – Aussagen, die im Alltag ja sehr häufig sind – überhaupt angemessen *verstehen* können und wie wir sie im konkreten Fall *genau* zu verstehen haben, hilft uns keine formale Logik weiter. Von diesem Verständnis hängt aber nicht selten die Schlüssigkeit der betreffenden Argumente ab. Wie wir sahen, erwiesen sich die obigen *Argumente 10* und *11* auch unabhängig vom genaueren Verständnis des Artikels «die» als ungültig. Es ist aber nicht schwer, sich Argumente auszudenken, bei denen dies anders ist.

Argument 12.
Prämisse 1: Die Deutschen waren Antisemiten.
Prämisse 2: Paul war Deutscher.
Konklusion: Paul war Antisemit.

Dieses Argument ist, wie sofort einleuchtet, gültig, falls in der Prämisse 1 «die» als «alle» verstanden wird, und ungültig, falls «die» lediglich als «die meisten» verstanden wird: Selbst wenn Paul tatsächlich Antisemit war, so lässt sich dies nach dem zweiten Verständnis von «die» jedenfalls aus den Prämissen nicht ableiten. Dieses einfache Beispiel macht sehr deutlich, wie entscheidend für unser logisches Schließen das Verständnis des bestimmten Artikels sein kann. Und es gibt in unserer Sprache noch zahlreiche weitere Ausdrücke, die im Alltag ähnlich wichtig und gleichzeitig ähnlich unbestimmt sind. Ich überlasse es dem Leser, sich solche Ausdrücke auszudenken.

Vielleicht wird mancher Leser meinen, dass man das obige Argument nur ein wenig abwandeln müsse, damit es selbst bei dem zweiten genannten Verständnis von «die» gültig wird. Man müsse zu diesem Zweck nur die Konklusion etwas abschwächen.

Argument 13.
Prämisse 1: Die meisten Deutschen waren Antisemiten.
Prämisse 2: Paul war Deutscher.
Konklusion: Paul war wahrscheinlich Antisemit.

Wir wollen annehmen, dass die beiden Prämissen wahr sind. Folgt daraus dann nicht notwendig die Konklusion? Ist das Argument dann also nicht auch gültig? Wenn die meisten Flugzeuge nicht abstürzen, muss ich dann nicht annehmen, dass auch das Flugzeug, das ich morgen nach Mallorca gebucht habe, zumindest *wahrscheinlich* nicht abstürzt? Das scheint der Fall zu sein. Betrachten wir nun aber das folgende Argument.

Argument 14.
Prämisse 1: Die meisten Universitätsprofessoren waren keine Antisemiten.
Prämisse 2: Paul war Universitätsprofessor.
Konklusion: Paul war wahrscheinlich kein Antisemit.

Nehmen wir an, Prämisse 1 ist, bezogen auf die damaligen Universitätsprofessoren weltweit, wahr. Prämisse 2 ist ebenfalls wahr. (Paul war ein deutscher Universitätsprofessor.) Dann lässt sich, sofern *Argument 13* gültig ist, aus den beiden Prämissen von *Argument 14* zweifellos genauso gültig die Folgerung ziehen, dass Paul wahrscheinlich *kein* Antisemit war. Was also war Paul?

Wir haben hier zwei Argumente mit jeweils wahren Prämissen. Die beiden Konklusionen jedoch widersprechen einander, können also nicht beide wahr sein. Also muss zumindest eines der beiden Argumente ungültig sein. Da beide Argumente jedoch eine identische Struktur haben, muss man sogar zu dem Schluss kommen, dass *beide* Argumente ungültig sind.

Es ist interessant zu sehen, dass wir, was die Schlüssigkeit der beiden Argumente betrifft, zu einem ganz anderen Ergebnis kommen, wenn der unbestimmte Artikel in der jeweiligen Prämisse 1 im Sinn von «alle» verstanden wird, wenn die beiden Argumente also wie folgt lauten.

Argument 15.
Prämisse 1: Alle Deutschen waren Antisemiten.
Prämisse 2: Paul war Deutscher.
Konklusion: Paul war Antisemit.

Argument 16.

Prämisse 1: Alle Universitätsprofessoren waren keine Antisemiten.

Prämisse 2: Paul war Universitätsprofessor.

Konklusion: Paul war kein Antisemit.

Diese beiden Argumente sind zwar beide ohne Zweifel gültig. Trotzdem widersprechen ihre Konklusionen einander und können deshalb nicht beide wahr sein. Wie kommt das? Es kommt daher, dass unmöglich alle vier Prämissen der beiden Argumente wahr sein können: Wenn Paul sowohl Deutscher als auch Universitätsprofessor war, die Prämissen 2 der beiden Argumente also wahr sind, dann *können* nicht die Prämissen 1 der beiden Argumente ebenfalls wahr sein. Denn entweder war Paul Antisemit oder nicht. Im ersten Fall ist Prämisse 1 von *Argument 16* mit Sicherheit falsch, und im zweiten Fall ist Prämisse 1 von *Argument 15* mit Sicherheit falsch. Das bedeutet: Man kann nicht wirklich durch die beiden Argumente, so wie sie lauten, beide Konklusionen als wahr erweisen.

Wie aber können wir nun in den *Argumenten 13* und *14* den Widerspruch der beiden Konklusionen, die Aussagen mit einem Wahrscheinlichkeitswert enthalten, erklären? Hier sind ja, anders als im Fall der *Argumente 15* und *16,* möglicherweise durchaus sämtliche vier Prämissen wahr. Ich möchte diese Frage offenlassen. Vielleicht ist eine Lösung in der Richtung zu suchen, dass die jeweilige Konklusion nur dann im Sinn eines gültigen Arguments aus den Prämissen folgt, wenn sie mit einer Einschänkung (wie etwa «falls keine weiteren relevanten Erkenntnisse vorliegen») verbunden ist.

Denn so gesehen, würden ja die Prämissen jedes der beiden Argumente der Konklusion des jeweils anderen Arguments entgegenstehen. Es ließe sich also aus den vier Prämissen der beiden Argumente weder die Konklusion gewinnen, dass Paul wahrscheinlich Antisemit war, noch die Konklusion, dass Paul wahrscheinlich kein Antisemit war.

Es gehört zu den Grundvoraussetzungen logischen Denkens, dass dasselbe Wort in ein und demselben Argument nicht in unterschiedlichen Bedeutungen verwendet werden darf. Im Alltag geschieht dies leider immer wieder. So spricht man etwa von einem «unnormalen» Verhalten und versteht darunter zum einen ein Verhalten, wie es der Normalbürger oder Durchschnittsmensch nicht an den Tag legt, und zum anderen ein Verhalten, das man für kritikwürdig oder gar für unmoralisch hält. Es dürfte jedoch keinem Zweifel unterliegen, dass ein Verhalten nicht schon deswegen kritikwürdig oder unmoralisch ist, weil es von den meisten Menschen nicht praktiziert wird: Wer sich in seiner Freizeit ausschließlich mit russischer Musik beschäftigt, verdient aus diesem Grund so wenig Kritik wie jemand, der in einer homosexuellen Beziehung lebt.

Wie steht es um die Möglichkeit, den Glauben an eine Aussage logischer Art als gerechtfertigt bzw. als wahr zu erweisen? Hier spielen sicher sprachliche Kompetenz und Denkvermögen derer, die den jeweiligen Glauben haben bzw. ihn als wahr hinstellen, eine entscheidende Rolle. Zu bedenken ist: Dass eine Wahrheit logisch zwingend und insoweit notwendiger Art ist, heißt keineswegs, dass diese Wahrheit auch problemlos für jedermann erkennbar ist. Manche logischen Wahrheiten, ob mathematischer oder sonstiger Art, sind in ihrer Struktur so kompliziert, dass ihre Erkenntnis an Denkvoraussetzungen geknüpft ist, über die nicht jedermann verfügt, und dass selbst unter Fachleuten, was diese Wahrheiten angeht, Meinungsverschiedenheiten und Irrtümer nicht ausgeschlosssen sind.

Was sind logische Wahrheiten überhaupt wert? Durch logisches Denken und die Gewinnung logischer Wahrheiten *allein* kann man zwar über die reale Welt kein brauchbares Wissen erlangen. Trotzdem ist logisches Denken auch für das Erkennen der realen Welt unverzichtbar. Denn es stellt eine notwendige Bedingung für die Erlangung *jeglichen* Wissens dar. Wer logische Widersprüche oder Fehlschlüsse duldet, kann auch durch den besten Erfahrungshorizont kein wahres Weltbild gewinnen.

3. Was wissen wir durch Sinnes-
wahrnehmung?

Woher weiß ich, dass in meinem Arbeitszimmer momentan ein Schreibtisch steht? Ich weiß dies deshalb, weil ich mithilfe meiner Sinne den Schreibtisch wahrnehme – als einen Gegenstand, der verschiedenen in der Vergangenheit von mir wahrgenommenen und als Schreibtisch bezeichneten Gegenständen in wesentlicher Hinsicht gleicht. Denn erstens sehe ich den Schreibtisch mit meinen Augen; und zweitens fühle ich den Schreibtisch mit meinen Händen. Schon hier zeigt sich aber ein Unterschied: Allein aufgrund der Wahrnehmung meines Sehsinns bin ich mir sicher, dass es sich bei dem Gegenstand, den ich im Blick habe, um einen Schreibtisch handelt; allein aufgrund der Wahrnehmung meines Tastsinns bin ich mir jedoch durchaus nicht sicher, dass es sich bei dem Gegenstand, den ich mit meinen Händen fühle, um einen Schreibtisch handelt. Es könnte sich auch um einen Tisch ganz anderer Art handeln.

Dieser Unterschied beruht nicht etwa darauf, dass der Gesichtssinn – mein Gesichtssinn oder der menschliche Gesichtssinn überhaupt – generell zuverlässiger ist als der Tastsinn. Der Tatsache, dass der Gegenstand, den ich mit der rechten Hand an meinem linken Unterarm fühle, eine Armbanduhr ist, bin ich mir sicher. Andererseits habe ich durchaus Zweifel, ob das Tier, das ich von meinem Schreibtisch aus im nahen Wald neben einem Baum sitzen sehe, ein Hase oder nicht vielmehr eine Katze ist. Gesichtssinn und Tastsinn sind also beide gleicherweise begrenzt.

Ganz Entsprechendes gilt auch für die übrigen menschlichen Sinne, durch die wir Informationen über die Außenwelt erlangen: den Gehörsinn, den Geruchssinn und den Geschmackssinn. Jeder dieser Sinne kann uns zwar prinzipiell Wahrnehmung ermöglichen und Wissen vermitteln. Doch die einzelnen Sinne sind nicht nur bei verschiedenen Menschen, wie man weiß, unterschiedlich stark ausgebildet. Sie sind auch ganz generell, was ihre Wahrnehmungsfunktion angeht, mehr oder weniger begrenzt: Niemand kann aus einer Entfernung von einem Kilometer eine Katze als solche wahrnehmen; und niemand kann vom Turm des Kölner Doms aus die Nordsee sehen. (Nur unter Heranziehung technischer Hilfsmittel mag dies anders sein.)

Manche Philosophen sind der Meinung, dass wir mit unseren Sinnen überhaupt keine Gegenstände einer Außenwelt, das heißt einer Welt außerhalb unserer selbst, wahrnehmen können, sondern dass alles, was wir wahrnehmen können, gewisse Sinneseindrücke oder «Sinnesdaten» in uns selbst sind. Doch eine solche Meinung widerspricht nicht nur dem «gesunden Menschenverstand», also jenem Grundverständnis, das jeder Mensch einer gewissen geistigen Entwicklungsstufe über sich und die Welt besitzt. Sie kann auch kaum gewisse Tatsachen erklären, die mit solchen Sinneswahrnehmungen, wie wir sie alle täglich machen, eng verbunden sind.

Ich meine hier vor allem die Tatsache, dass sich bei uns unter gewissen Bedingungen stets von neuem die gleiche Sinneswahrnehmung einstellt. So habe ich zum Beispiel die visuelle Wahrnehmung eines Schreibtisches jeden Tag von neuem, an dem ich mein Arbeitszimmer betrete. Wie aber lässt sich diese Tatsache erklären? Gibt es eine bessere Erklärung für sie als die Annahme, dass der Schreibtisch genau dort, wo ich ihn immer wieder stehen sehe, auch tatsächlich existiert? Und wenn das so ist, muss ich dann nicht annehmen, dass der Schreibtisch auch nachts, wenn ich ihn *nicht* sehe, ununterbrochen genau dort, wo ich ihn tagsüber immer wieder sehe, existiert? Wäre die Annahme nicht ziemlich phantastisch, dass der Schreibtisch immer nur existiert, *während* ich ihn sehe, dass er also genau dann, wenn ich morgens das Zimmer betrete, stets von neuem aus dem Nichts kommt und Gestalt annimmt, und dass er immer dann, wenn ich das Zimmer verlasse, wieder ins Nichts verschwindet?

Können wir unter diesen Umständen aber auch wirklich sagen, dass ich *weiß*, dass der Schreibtisch in meinem Arbeitszimmer steht? Prüfen wir im einzelnen die in Kapitel 1 für jede Art von Wissen genannten Voraussetzungen: Ohne Zweifel besitze ich den Glauben (im Sinn einer festen Überzeugung), dass in meinem Arbeitszimmer ein Schreibtisch steht. Ist dieser Glaube aber auch wahr, und bin ich außerdem in diesem Glauben gerechtfertigt?

Beginnen wir mit der zuletzt genannten Voraussetzung für mein Wissen. Ob ich in meinem Glauben gerechtfertigt bin, dürfte in erster Linie davon abhängen, wie häufig und wie eindeutig meine Sinneswahrnehmungen in der Vergangenheit diesen Glauben schon bestätigt haben. Natürlich ist es *denkbar,* dass mein Glaube auf einer Halluzination oder Sinnestäuschung beruht. Aber muss ich realistischerweise mit dieser Möglichkeit wirklich rechnen? Das dürfte auf die näheren Umstände des Falles ankommen.

Wenn ich ein Mensch bin, der zu Halluzinationen neigt, und wenn der Schreibtisch neu ist und ich ihn in meinem Arbeitszimmer bloß einmal kurz gesehen zu haben glaube, da ich ihn erst gestern gekauft habe, bin ich in meinem Glauben kaum gerechtfertigt. Denn es könnte ja der Fall sein, dass der Schreibtisch mir erst morgen geliefert wird, dass ich mir jedoch in Vorfreude auf seinen Besitz schon heute eingebildet habe, ihn vor mir zu sehen. Wenn ich jedoch davon ausgehen kann, dass ich den Schreibtisch in der Vergangenheit schon mehr als tausendmal gesehen und an ihm gesessen und gearbeitet habe, *und* dass ich in der Vergangenheit noch nie irgendwelche Halluzinationen gehabt habe, *und* dass auch meine Frau den Schreibtisch immer wieder gesehen hat, *und* dass seit Jahren niemand in meinem Arbeitszimmer war, der den Schreibtisch eigenhändig hätte entfernen können, *dann* bin ich in meiner Überzeugung, dass in meinem Arbeitszimmer ein Schreibtisch steht, ohne Zweifel vollauf gerechtfertigt.

Unter welchen Bedingungen lässt sich nun mit Recht sagen, dass mein genannter Glaube auch wahr ist, dass damit also alle drei Voraussetzungen für mein entsprechendes Wissen erfüllt sind? Diese Frage ist, wie wir schon sahen (S. 23), vom Standpunkt dessen aus zu beantworten, der das Urteil über mein Wissen oder Nichtwissen in der fraglichen Angelegenheit abgeben möchte. Nur insofern ich selber dieses Urteil abgebe («ich weiß, dass …»), darf ich von der Wahrheit des betreffenden Glaubens offenbar genau dann ausgehen, wenn ich zu dem Glauben auch berechtigt bin. Wenn jedoch ein anderer dieses Urteil abgibt («Hoerster weiß, dass ...»), muss dieser andere den Fall von *seinem* Standpunkt und *seinen* Erkenntnismöglichkeiten aus prüfen. Falls er selber meinen Schreibtisch nicht wahrgenommen hat und sich deshalb entweder auf meine oder auf die Wahrnehmungen Dritter verlassen muss, muss er natürlich die Möglichkeit in Betracht ziehen, dass ihm falsche Auskünfte über diese angeblichen Wahrnehmungen gegeben wurden.

So hat er sicher dann keinen guten Grund, die Wahrheit meines Glaubens anzunehmen und mir das entsprechende Wissen zuzuschreiben, falls seine Informanten (ich eingeschlossen) ihm als Lügner bekannt sind und falls er weitere Informationen über irgendwelche Wahrnehmungen des Schreibtisches nicht erhalten kann. Natürlich kann es sein, dass mein Glaube trotzdem wahr ist. Dies lässt sich aber immer nur vom Standpunkt desjenigen aus beurteilen, der ein Urteil über das fragliche Wissen abgeben möchte und der sich deshalb sein eigenes Urteil über die Wahrheit des betreffenden Glaubens bilden muss.

Wir können aufgrund der Mitteilungen von Informanten aber nicht nur Aussagen über das Wissen *anderer* Menschen machen. Wir können aufgrund solcher Mitteilungen natürlich auch Aussagen über das *eigene* Wissen machen. So weiß ich etwa, dass gegenwärtig in Deutschland weniger als einhundert Millionen Menschen leben – auch ohne alle Bewohner Deutschlands jemals gesehen und gezählt zu haben. Und ich weiß, dass es auf der Südhalbkugel der Erde einen Kontinent namens «Australien» gibt, der größer als Europa ist –

obschon ich diesen Kontinent nie mit eigenen Augen gesehen, geschweige denn vermessen habe.

Wieso bin ich berechtigt, diese Annahmen zu machen und sie für wahr zu halten? Offensichtlich bin ich aufgrund der Mitteilungen zahlreicher Informanten dazu berechtigt, wobei ich diese Mitteilungen sowohl gehört habe (etwa als Schüler im Geographieunterricht oder später im Rundfunk) als auch gelesen habe (etwa in Lehrbüchern, Lexika oder Zeitungen). Wieso aber bin ich berechtigt, diesen Informanten Glauben zu schenken? Dazu bin ich offenbar genau insoweit berechtigt, als diese Informanten zuverlässig, also glaub*würdig* sind. Wenn ein Lexikon etwa über zahlreiche Städte dieser Welt, die ich persönlich kenne, zutreffend berichtet, dann habe ich allen Grund, auch die Mitteilungen des Lexikons über die Stadt Sydney, die ich nicht kenne, für bare Münze zu nehmen. Und auch schon dann habe ich einen hinreichenden Grund, den Mitteilungen des Lexikons Glauben zu schenken, wenn ich zwar noch keine seiner Angaben selbst überprüft habe, wenn das Lexikon jedoch allenthalben als zuverlässig gilt und mir von kenntnisreichen Menschen, die mich in dieser Hinsicht noch nie enttäuscht haben, zur Meinungsbildung empfohlen wurde.

Ich fordere den Leser auf, sich selbst einmal zu überlegen, ein wie großer Teil seines Wissens keineswegs auf eigenen Wahrnehmungen, sondern auf den Mitteilungen von Informanten beruht. Dabei ist zu bedenken, dass jene Informanten, auf die wir unser Wissen gewöhnlich stützen, häufig ihr Wissen auch ihrerseits wieder anderen Informanten und nicht etwa eigener Wahrnehmung verdanken. So war sicher nicht jeder Geographielehrer, der seinen Schülern sein Wissen über Australien vermittelt, selbst schon auf diesem Kontinent. Und dasselbe wird sogar auf einige Autoren jener Lexika bzw. Bücher zutreffen, aus denen der Geographielehrer seinerseits sein Wissen geschöpft hat. Das Wissen, das wir besitzen, beruht also zu einem großen Teil nicht auf eigener Wahrnehmung, sondern ist durch Informanten über eine oder mehrere Stufen vermittelt.

Eine unverzichtbare Voraussetzung dafür, Wissen auf dem Wege über Informanten zu gewinnen, besteht darin, dass Menschen ein Gedächtnis oder Erinnerungsvermögen besitzen. Denn damit jemand das Wissen, das er hat, weitergeben kann, muss er dieses Wissen, das er gewöhnlich ja nicht im selben Augenblick, in dem er es erlangt, auch weitergibt, in seinem Gedächtnis gespeichert haben und abrufen können. Ja sogar ein großer Teil jenes Wissens, das jemand nicht über Informanten, sondern durch *eigene* Wahrnehmung erlangt hat, beruht ebenfalls auf dem Gedächtnis. Wie könnte ich sonst etwa wissen, dass in meinem Arbeitszimmer nicht nur momentan, sondern schon seit Jahren ein Schreibtisch steht?

All das ändert jedoch, so scheint es, nichts an der Tatsache, dass die eigentliche und letzte Quelle unseres Wissens über die reale Welt die menschliche Sinneswahrnehmung ist. Selbst wenn ein großer Teil des Wissens, das ich besitze, ohne das menschliche Gedächtnis und ohne die Vermittlung zahlreicher Informanten nicht zustande gekommen wäre: Die Kette aller möglichen Erinnerungen und Informationen kann ihren Ursprung nur in der Sinneswahrnehmung von Menschen haben, die mit der damit gegebenen Erlangung *unmittelbaren* Wissens und seiner Erinnerung und Weitergabe die nachfolgende Verbreitung *mittelbaren* Wissens in Gang gesetzt haben.

Vielleicht wird mancher Leser an dieser Stelle nochmal auf die folgende Frage zurückkommen: Welche Voraussetzungen müssen erfüllt sein, damit wir sagen können, A wisse, dass x zutrifft? Genauer gefragt: Welche Voraussetzungen müssen erfüllt sein, damit wir gleichzeitig sagen können, *A* sei gerechtfertigt, an x zu glauben, und *wir* seien gerechtfertigt, x für wahr zu halten? Anders ausgedrückt: Wie verlässlich müssen zum einen jene Wahrnehmungen sein, auf denen der Glaube an x letztlich beruht? Und wie glaubwürdig müssen zum anderen die das Wahrnehmungswissen weitergebenden Informationen sein, auf die A oder wir, falls A oder wir die Wahrnehmungen nicht selber gemacht haben, das Urteil, dass x zutrifft, gründen können?

Schon unsere obigen Überlegungen (S. 47 ff.) dürften deutlich gemacht haben: Eine präzise Antwort auf diese Fragen ist nicht möglich. Es lässt sich nun einmal nicht genau sagen, wie viele zuverlässige Menschen wie oft Wahrnehmungen einer bestimmten Art gehabt haben müssen, damit ihre Aussage, dass sie x wahrgenommen haben, als gerechtfertigt gelten kann. Und es lässt sich ebenso wenig genau sagen, wie viele zuverlässige Menschen wie viele Informationen über die eigenen oder die Wahrnehmungen anderer Menschen weitergegeben haben müssen, damit diese Informationen die Behauptung, dass x zutrifft, beweiskräftig begründen können. Und schließlich lässt sich auch nicht genau sagen, welches Maß an Glaubwürdigkeit und Zustimmung eine mögliche *Kritik* behaupteter Wahrnehmungen bzw. Informationen erreicht haben muss, damit diese Kritik die Behauptung, dass x zutrifft, als widerlegt erweisen kann.

Es wäre jedoch ein gewaltiger Fehlschluss anzunehmen, es ließe sich nach alledem *niemals* definitiv sagen, A wisse, dass x zutrifft, bzw. A wisse *nicht,* dass x zutrifft. Denn dass bestimmte Bedingungen oder Kriterien für einen Tatbestand eine gewisse Grauzone der Unbestimmtheit oder Vagheit aufweisen, bedeutet nicht, dass es nicht eine Vielzahl von Fällen gibt, in denen ein objektiver und kompetenter Betrachter daran, dass A weiß bzw. dass A *nicht* weiß, dass x zutrifft, mit Recht gar keinen Zweifel hat. So würde ich etwa behaupten, dass ich zweifellos weiß, dass in meinem Arbeitszimmer ein Schreibtisch steht (siehe S. 45). Und ich würde ebenfalls behaupten, dass ich zweifellos *nicht* weiß, ob es tatsächlich, wie ich kürzlich gelesen habe, in Italien im Durchschnitt mehr regnet als in England. Dass ich dies nicht weiß, schließt natürlich nicht aus, dass andere es wissen und dass auch ich es demnächst, nachdem ich mich aus seriösen Quellen informiert habe, wissen werde.

Es dürfte keinem Leser schwer fallen, sich eine Vielzahl ähnlicher Beispiele vor Augen zu führen, in denen er sich selbst oder einem anderen Menschen ein bestimmtes Wissen ohne jeden Zweifel zusprechen bzw. absprechen würde. Natürlich gibt es – eben wegen der mangelnden Präzision der Wissensbedingungen – auch immer wieder einzelne Fälle, in denen auch vernünftige und aufgeklärte Menschen über das, was sie selbst oder andere wissen bzw. nicht wissen, verschiedener Meinung sind.

Dass es durchaus wohlbegründetes Wissen gibt, bedeutet, wie wir schon sahen (S. 25), nicht, dass dieses Wissen gleichzeitig garantiert unfehlbar ist. Die logische Möglichkeit, dass selbst zahlreiche Menschen sich in ihren Wahrnehmungen oder ihren Informationen irren bzw. täuschen lassen, lässt sich nie ausschließen. Daraus folgt jedoch nicht, dass wir im Grunde niemals eine Wissensbehauptung aufstellen dürfen, das heißt uns niemals sicher sein dürfen, dass etwas der Fall ist.

So bin ich mir etwa – mit meiner in meinem Personalausweis eingetragenen Körpergröße von 1,87 m – ganz sicher und, wie ich meine, zu Recht sicher, dass ich seit langem jedenfalls größer als 1,80 m bin. Sollte sich aber überraschenderweise herausstellen, dass sämtliche bisherigen Messungen meiner Körpergröße (zu Hause und in Arztpraxen) sowie sämtliche Vergleiche meiner Größe mit der Größe anderer Personen aus bestimmten Gründen fehlerhaft waren und dass ich tatsächlich *nicht* größer als 1,80 m bin, so würde ich nachträglich natürlich zugeben, dass ich seinerzeit *nicht* wusste, dass ich größer als 1,80 m bin, und behaupten, dass ich *jetzt* weiß, dass ich *nicht* größer als 1,80 m bin. Trotzdem würde ich darauf bestehen (und zwar mit Recht darauf bestehen), dass ich zu meiner früheren Behauptung, dass ich größer als 1,80 m sei, vollauf berechtigt war und dass ich mir wegen meines Irrtums kein irrationales Verhalten vorzuwerfen habe. Im Übrigen lässt sich ja auch logisch nicht ausschließen, dass sich eines Tages die *zuletzt* genannten Untersuchungsergebnisse als fehlerhaft erweisen und dass die früheren Ergebnisse wieder rehabilitiert werden. Ganz allgemein gilt: Dass ich gestern mit Recht zu wissen glaubte, dass eine Behauptung wahr ist, schließt nicht aus, dass ich heute wissen kann, dass dieselbe Behauptung falsch ist.

Wir müssen uns jetzt noch einmal der Frage zuwenden, über welche *Arten* von Realität wir mithilfe von Sinneswahrnehmung überhaupt Wissen erlangen können. Wir sahen ja schon (S. 45 f.), dass eine dieser Arten Gegenstände der menschlichen Außenwelt – etwa Tische, Bäume und Städte – erfaßt. Und zu derartigen Gegenständen gehören natürlich auch andere Menschen, die wir mit unseren Sinnen wahrnehmen können. Eine solche Wahrnehmung aber wirft folgende interessante Frage auf: Wir nehmen gewöhnlich nicht nur an, dass andere Menschen – genauso wie Tische oder Bäume – über bestimmte äußere Merkmale (wie Größe oder Gewicht) verfügen. Wir gehen vielmehr als selbstverständlich davon aus, dass andere Menschen – anders als Tische oder Bäume – außerdem noch ein geistiges Innenleben haben, dass sie also etwa denken, sich freuen, lieben oder Schmerz empfinden können. Mit welchem Recht aber nehmen wir dies an? Wieso können wir dies wissen?

Unsere Sinneswahrnehmung jedenfalls scheint hier zu versagen. Denn ich kann das Denken oder das Lieben eines anderen Menschen weder sehen noch hören noch sonstwie mit meinen Sinnen wahrnehmen. Auch mein eigenes Denken oder Empfinden kann ich mit meinen *äußeren* Sinnen ja nicht wahrnehmen. Ich kann es nur dadurch wahrnehmen, dass ich mich auf mein Innenleben, mein geistiges Leben selbst konzentriere. Das tue ich, indem ich meine *inneren* Sinne bemühe. Mit ihrer Hilfe kann ich dann etwa zu der Überzeugung gelangen, dass ich momentan über eine bestimmte Formulierung nachdenke oder mich am Anblick meiner Katze erfreue oder unter Zahnschmerzen leide.

Diese Überlegung zeigt, dass außer den äußeren auch die inneren Sinne uns Wissen vermitteln können. Denn natürlich *weiß* ich nicht nur, dass momentan vor mir ein Schreibtisch steht, sondern auch, dass ich momentan über eine bestimmte Formulierung nachdenke. Mit einem gewissen Recht werden in der Erkenntnis- oder Wissenstheorie jedoch die inneren Sinne eher vernachlässigt; denn die Außenwelt, die sich uns darstellt, wird gewöhnlich als ungleich reichhaltiger und wichtiger angesehen als das eigene Innenleben. Und das Innenleben *anderer* Menschen können wir ja als solches, wie gesagt, gar nicht wahrnehmen.

Fehlt uns also jeglicher Zugang zum Innenleben anderer Menschen? Oder gibt es doch noch eine Möglichkeit, über das Innenleben anderer Menschen Wissen zu erlangen? Die einzige Möglichkeit, die ich sehe, beruht auf folgender Überlegung: Ich selbst bringe meine inneren Erfahrungen und Erlebnisse jedenfalls gelegentlich durch äußere Handlungen – wie sprachliche Mitteilung, Lachen und Weinen – zum Ausdruck. Wenn ich etwa sage, ich denke gerade an meinen letzten Urlaub auf Mallorca, dann denke ich tatsächlich an diesen Urlaub; ich habe insoweit keinen Grund zu lügen. Und wenn ich etwa sage, dieser Wein schmeckt mir besonders gut, dann gilt Entsprechendes. Bestimmte äußere Handlungen sind bei mir also mit bestimmten inneren Erfahrungen eng verbunden. Und aus diesem Grund gehe ich davon aus, dass dies bei meinen Mitmenschen prinzipiell genauso ist, dass also auch bei ihnen mit den entsprechenden äußeren Handlungen die entsprechenden inneren Erfahrungen eng verbunden sind. Es wäre ja mehr als merkwürdig, wenn ich etwa ein Kind weinen höre und *nicht* auf die Idee käme, das Kind wäre traurig oder hätte Schmerzen.

Mit anderen Worten: Es gibt, so wie die Dinge liegen, für mich einfach keine bessere Erklärung für zahlreiche äußere Handlungen anderer Menschen als die Annahme, dass diese Handlungen – ebenso wie bei mir selbst – Reaktionen auf ganz bestimmte innere Vorgänge sind. Natürlich ist es nicht ausgeschlossen, dass jemand mich durch seine Handlungen bewusst über seine inneren Vorgänge täuschen will. Doch eine solche Täuschung muss nicht unter allen Umständen auch erfolgreich sein. Wenn A mir etwa sagt, er sei in B verliebt, und wenn ich A gut kenne, dann kann ich etwa das Reden sowie das sonstige äußere Verhalten von A über einen längeren Zeitraum beobachten und hieraus gewisse Schlüsse auf die Richtigkeit der Behauptung von A ziehen. Es ist zwar trotzdem möglich, dass ich von A erfolgreich getäuscht werde; aber einen anderen Weg als den genannten zum Wissen über As inneren Zustand gibt es für mich nun einmal nicht. Über das Innenleben anderer Menschen kann man nur auf dem *indirekten* Weg der Wahrnehmung ihres äußeren Verhaltens Kenntnis erlangen.

Nach alledem lässt es sich kaum bestreiten, dass wir nicht nur tatsächlich im Alltag immer wieder davon ausgehen, dass wir durch Sinneswahrnehmung zu Wissen gelangen können, sondern dass diese Annahme auch vollkommen berechtigt ist. Dabei erstreckt sich solches Wahrnehmungswissen oder empirisches Wissen auf die Vergangenheit ebenso wie auf die Gegenwart und auf die innere ebenso wie auf die äußere Welt. Ob es auch Wissen über die Zukunft geben kann, das wir aus unserem empirischen Wissen über die Gegenwart bzw. über die Vergangenheit ableiten können, wird uns im folgenden Kapitel beschäftigen.

Ungleich komplexer als unser gewöhnliches Alltagswissen ist das Wissen der sogenannten Wissenschaft. Doch auch dieses Wissen, das auf unser Alltagswissen in mancher Hinsicht Einfluss gewinnen kann, basiert letztlich wie das Alltagswissen auf empirischer Wahrnehmung und logischem Denken. Dass in der Wissenschaft auch immer wieder Ausdrücke oder Begriffe vorkommen, die nicht unmittelbar auf sinnlich Wahrnehmbares Bezug nehmen, steht dazu nicht im Widerspruch. Denn in der Wissenschaft spielen immer auch Theorien und Erklärungen eine wichtige Rolle, die als solche über die bloße Darstellung wahrgenommener Gegenstände oder Ereignisse weit hinausgehen.

Typische Aussagen der Wissenschaft stellen etwa die Beispiele 7 und 8 auf Seite 20 dar. Dabei ist die Aussage, dass die Erde rund ist, im Prinzip auch der unmittelbaren sinnlichen Wahrnehmung zugänglich – falls man sich etwa in den Weltraum begibt. Anders steht es offenbar um die Aussage, dass es Atome gibt. Hier handelt es sich, wenn man der modernen Naturwissenschaft vertrauen darf, um eine theoretisch ebenso sinnvolle wie unverzichtbare Annahme, die sich gleichwohl auf keine direkte Wahrnehmung gründen lässt. Atome existieren also, auch ohne als solche wahrnehmbar zu sein – allerdings im Rahmen eines Denkgebäudes, dessen Basis nicht etwa beliebige Behauptungen, sondern durchaus empirische Wahrnehmungen bilden.

Unser bisheriges Ergebnis, dass es vielfältiges Wissen sowohl logischer als auch empirischer Art geben kann, bedeutet nicht notwendig, dass solches Wissen das *einzige* Wissen ist, das uns Menschen zugänglich ist. Es gibt eine lange Tradition in der Geschichte der Philosophie, wonach es außer logischem und empirischem Wissen auch noch ein sogenanntes metaphysisches Wissen gibt. Ein solches metaphysisches Wissen würde sich, falls vorhanden, offenbar auf eine *ganz eigene,* weder logisch noch empirisch zugängliche Wirklichkeit beziehen. Es ist jedoch nicht nur umstritten, ob es ein solches Wissen überhaupt gibt. Es ist zudem unter den Anhängern metaphysischen Wissens außerordentlich umstritten, was im Einzelnen als metaphysisches Wissen gelten kann. Es ist nicht zu übersehen: Die Meinungsverschiedenheiten über die einzelnen Gegenstände des Wissens sind im Bereich der sogenannten Metaphysik weitaus größer als in den beiden anderen, zweifellos vorhandenen Wissensbereichen.

Da es in diesem Buch um jenes Alltagswissen geht, das im Prinzip jeder haben kann (vgl. S. 9), werde ich nur solchen speziellen metaphysischen Annahmen Beachtung schenken, die auf unser Alltagswissen unmittelbar Einfluss gewinnen können. Diese Voraussetzung dürfte vor allem auf die Themenbereiche der Wertebegründung und der Religionsbegründung zutreffen, die in den Kapiteln 5 und 6 behandelt werden. In diesen Kapiteln werden deshalb auch Fragestellungen metaphysischer Art eine Rolle spielen.

4. Kann man
aus Vergangenem auf Zukünftiges
schließen?

Seit wir denken können, ist in Deutschland etwa alle vier-
undzwanzig Stunden die Sonne wieder aufgegangen. Wird
das auch morgen so sein? Oder wird der nächste Sonnen-
aufgang erst in einer Woche oder in einem Monat oder vielleicht gar nicht mehr erfolgen? Nun, wir alle gehen im Alltag
als selbstverständlich davon aus, dass die Sonne bei uns morgen – und nicht erst in einer Woche oder einem Monat – wieder aufgehen wird. Die große Frage jedoch, mit der sich
Philosophen seit langem beschäftigen, lautet: Lässt sich diese
Annahme, die uns allen so selbstverständlich erscheint,
eigentlich auch begründen? Oder ist sie mehr oder weniger
willkürlich, und könnten wir ebenso gut das Gegenteil annehmen?

Wie enorm wichtig die Antwort auf diese Fragen für
unser gesamtes Weltverständnis ist, zeigt sich spätestens
dann, wenn wir uns klar machen, welches *allgemeine* Prinzip
hinter unserer Erwartung des regelmäßigen Sonnenaufgangs
steht und welche Rolle genau dieses Prinzip in einer Vielzahl
von Fällen immer wieder in unserem Leben spielt. Das Prinzip lautet: Die Natur ist in wesentlicher Hinsicht konstant

oder beständig; ihr Verlauf ist regelmäßig, sie folgt erkennbaren Gesetzen.

Hier ein weiteres Beispiel: Ich gehe, wie wir im vorigen Kapitel sahen, mit Recht davon aus, dass mein Schreibtisch auch jede Nacht in meinem Arbeitszimmer steht, wenn ich ihn nicht sinnlich wahrnehme. Bestätigt finde ich meine Annahme dadurch, dass ich den Schreibtisch jeden Morgen wieder an seinem Platz stehen sehe. Doch meine Annahme über die fortdauernde Existenz meines Schreibtisches richtet sich nicht nur auf die Vergangenheit; sie richtet sich auch auf die Zukunft. Das heißt: Ich habe keinen Zweifel daran, dass mein Schreibtisch auch zukünftig Tag und Nacht in meinem Arbeitszimmer stehen wird – sofern ihn niemand dort entfernt oder sofern in meinem Haus nicht etwa ein Brand ausbricht. Ich gehe also auch hier – wie im Fall des regelmäßigen Sonnenaufgangs – davon aus, dass die Natur bzw. die Wirklichkeit nicht sozusagen «verrückt spielt», dass sie sich nicht plötzlich total verändert und ohne erkennbare Ursache eine ganz neue Gestalt annimmt.

Wieso aber kann ich wirklich *wissen,* dass in meinem Arbeitszimmer morgen früh statt meines Schreibtisches nicht etwa ein Cembalo oder ein Hundekäfig oder auch gar nichts stehen wird? Und wieso kann ich etwa wissen, dass es morgen in meinem Wohnort, wo es gestern und heute 10 Grad minus waren, nicht 30 Grad plus sein werden?

Nun, ich gehe, um es noch einmal zu sagen, einfach davon aus, dass jene Gesetze und Regelmäßigkeiten, die bislang gegolten haben, auch weiterhin gelten werden. Ich folge insofern der sogenannten *induktiven Methode* des Denkens. Und bisher hat es sich ja offenbar bewährt, genau so zu verfahren. Es wäre mir gewiss nicht gut bekommen, wenn ich heute morgen in der Annahme, die Temperatur werde an diesem Januartag auf 30 Grad plus steigen, das Haus in Sommerkleidung verlassen hätte. Spricht also nicht alles dafür, an jener induktiven Methode, die sich bisher bewährt hat, auch weiterhin festzuhalten?

Doch wer so argumentiert, argumentiert zirkulär: Er begründet die induktive Methode mithilfe der induktiven Methode. Denn woher kann ich wissen, dass eine Methode, die sich bisher bewährt hat, sich auch in Zukunft bewähren wird? Auch hier schließe ich ja offensichtlich aus vergangener Erfahrung auf zukünftige Erfahrung. Dass mein Schluss sich in diesem Fall nicht auf diese oder jene einzelne Regelmäßigkeit der Wirklichkeit, sondern auf ein methodisches Vorgehen als solches bezieht, ändert daran nichts. So oder so gehe ich davon aus, dass es vernünftig und gerechtfertigt ist, aus etwas Vergangenem auf etwas Zukünftiges zu schließen. Wie aber kann ich im Vorhinein wissen, was die Zukunft bringen wird? Ja, wie kann ich auch nur als *wahrscheinlich* annehmen, was die Zukunft bringen wird? Denn dass die bisherigen Regelmäßigkeiten weiterhin bestehen bleiben, dass also die Sonne auch morgen wieder aufgehen wird, kann ich aus meinem bisherigen Wissen ebensowenig als wahrscheinlich wie als sicher logisch ableiten.

Es gibt seit Jahrzehnten eine angesehene Gruppe von Philosophen – sie bezeichnen sich als «kritische Rationalisten» –, die auf ungewöhnliche Weise glauben, das Induktionsproblem bewältigen zu können. Diese Philosophen behaupten nicht nur (ausgehend von der oben angestellten Überlegung), die induktive Methode lasse sich nicht rechtfertigen und sei deshalb als irrational zu verwerfen. Sie behaupten außerdem zu unserem Erstaunen, dieses Ergebnis sei auch nicht weiter bedauerlich, da wir sehr gut ohne die induktive Methode auskommen könnten. Wieso glauben diese Philosophen, wir könnten ohne die induktive Methode auskommen?

Nun, die «kritischen Rationalisten» meinen, wir seien berechtigt, allgemeine Gesetze oder Regelmäßigkeiten über die Wirklichkeit zu formulieren und zu vertreten, auch ohne dafür auf entsprechende vergangene Erfahrungen zurückgreifen zu können. Es sei in Wahrheit völlig gleichgültig, auf welchem Weg wir zu unseren Gesetzesannahmen gelangt seien. Entscheidend sei allein, dass wir solche Annahmen zum einen richtig verstünden und zum anderen mit ihnen, nachdem wir sie gemacht hätten, richtig umgingen. Solche Annahmen könnten nämlich unter *keinen* Umständen mit irgendeinem Wissensanspruch verbunden werden. Insbesondere die induktive Methode, die gar keinen Erkenntniswert besitze, könne solche Annahmen ebenso wenig begründen wie eine beliebige Spekulation oder Vermutung. Man könne solche Annahmen so oder so keinesfalls als wahr erweisen oder «verifizieren».

Trotzdem seien solche Annahmen für unsere Wissensgewinnung ganz unverzichtbar, nämlich als Vermutungen oder «Hypothesen», die man zwar niemals als wahr erweisen oder «verifizieren», wohl aber unter Umständen als falsch erweisen oder «falsifizieren» und damit widerlegen könne. Deshalb sei es völlig legitim, ganz beliebige Gesetzeshypothesen, sofern nur *im Prinzip* falsifizierbar, über die Wirklichkeit aufzustellen, sie auf ihre *tatsächliche* Falsifizierbarkeit hin zu testen und an ihnen, solange sie nicht falsifiziert wurden, unbeirrt festzuhalten.

Angenommen also, ich stelle die beiden folgenden Hypothesen auf.

Hypothese 1: Das Trinken von Biotee hilft gegen Durst.
Hypothese 2: Das Trinken von Biotee hilft gegen Kopfschmerzen.

Der «kritische Rationalist» K wird diese beiden Hypothesen, ohne nach einer Begründung für sie zu fragen, zunächst einmal als gleichermaßen akzeptabel zur Diskussion stellen. Dann wird er nach Beispielen Ausschau halten nicht etwa für ihre Bestätigung, sondern für ihre Widerlegung. Da Hypothese 1 vermutlich auch nach einhundert Testversuchen nicht widerlegt worden ist, wird K sie weiterhin akzeptieren. Hypothese 2 dagegen wird K verwerfen, sobald sie, wie zu vermuten, in einem konkreten Fall erfolgreich widerlegt werden konnte. Nun nehmen wir an, ich habe festgestellt, dass im Fall der Widerlegung von Hypothese 2 ein Bio-Pfefferminztee getrunken wurde. Das bringt mich dazu, zwar Hypothese 2, wie gefordert, fallenzulassen, dafür aber die folgende neue Hypothese aufzustellen.

Hypothese 3: Das Trinken von Biotee, der kein Pfefferminztee ist, hilft gegen Kopfschmerzen.

Nun muss K mit seinen Testversuchen offenbar wieder genau wie vorher verfahren – nur dass anstelle von Hypothese 2 jetzt Hypothese 3 getreten ist. Das heißt: Hypothese 1 ist, obschon sie einhundert Testversuche erfolgreich bestanden hat, keineswegs besser begründet als Hypothese 3. Denn die induktive Methode, die natürlich für Hypothese 1 – nicht aber für Hypothese 3 – sprechen würde, ist nach Ks Auffassung ja ebenso irrational wie überflüssig. Das Testverfahren beginnt also wieder von vorn.

Das bedeutet: Für Hypothese 1 geht es einfach weiter wie bisher. Denn K will ja selbst nach eintausend erfolgreichen Testversuchen keinerlei Sicherheit oder auch nur Wahrscheinlichkeit anerkennen für die Richtigkeit der Hypothese bzw. dafür, dass der nächste Testversuch *nicht* ein Fehlschlag wird, der Hypothese 1 – so wie zuvor schon Hypothese 2 – zum Scheitern bringt. Und ich werde, nachdem natürlich, wie zu vermuten, inzwischen auch Hypothese 3 gescheitert ist, K weiter herausfordern und – ganz entsprechend der vorherigen Hypothese 3 – nunmehr wieder eine neue Hypothese, Hypothese 4 formulieren. Ein Ende dieser Prozedur scheint nicht absehbar zu sein.

Schon dieses Beispiel dürfte zeigen, dass das Begründungsdenken des «kritischen Rationalisten» sich jedenfalls von dem Begründungsdenken des Durchschnittsmenschen sehr stark unterscheidet. Denn dieser würde schon nach wenigen Testversuchen wohl kaum noch Hypothese 1, was ihre Überzeugungskraft angeht, immer wieder mit Hypothese 2 bzw. mit jeder ihrer Nachfolgerinnen auf ein und dieselbe Stufe stellen. Er würde, so nehme ich an, vielmehr Hypothese 1 – nach einer gewissen Anzahl erfolgreicher Testversuche – als begründet akzeptieren und gleichzeitig allen weiteren Hypothesen, solange sie keinen einzigen Test mit Erfolg bestanden haben, eine deutliche Absage erteilen. Zum

Beleg für diese Auffassung mag auch die folgende Hypothese dienen.

Hypothese 4: Bei einer Temperatur von drei Grad minus kann man zu Fuß über einen gefrorenen See gehen.

Sollte man vernünftigerweise wirklich versuchen, diese Hypothese zu falsifizieren? Zwar würde die Hypothese dem Versuch einer Falsifizierung in manchen Fällen wohl standhalten – wenn die Temperaturen um den See an den vergangenen Tagen etwa bei minus 15 Grad lagen. In anderen Fällen aber würde die Falsifizierung vermutlich Erfolg haben – allerdings auf Kosten des Lebens oder der Gesundheit der Testperson. Würde in Wirklichkeit aber nicht jeder vernünftige Mensch, bevor er die Hypothese zu testen unternimmt, erst einmal *positive* Hinweise für ihre *Richtigkeit* haben wollen? Würde hier also nicht jeder vernünftige Mensch durchaus nach einer *Verifizierung* der Hypothese – einer Verifizierung durch die induktive Methode – Ausschau halten und sein konkretes Verhalten vom Erfolg einer solchen Verifizierung abhängig machen?

Aber noch ein weiterer Grund spricht gegen das Modell der «kritischen Rationalisten». Er zeigt, dass das Modell nicht einmal in sich stimmig ist. Nehmen wir einmal an, die obige Hypothese 2 wurde falsifiziert: In einem konkreten Fall hat das Trinken von Biotee *nicht* gegen Kopfschmerzen geholfen. Dann ist damit in der Tat die angenommene Gesetzmäßigkeit, wonach das Trinken von Biotee stets gegen Kopfschmerzen hilft, definitiv widerlegt. Ist damit aber etwa eine Gesetzmäßigkeit bewiesen, wonach das Trinken von

Biotee *stets nicht* gegen Kopfschmerzen hilft? Mit Sicherheit nicht; denn es kann ja durchaus der Fall sein, dass der Biotee manchmal hilft und manchmal nicht hilft. Und es kann sogar der Fall sein, dass der Biotee in *jedem künftigen* Fall helfen wird, dass seine Unwirksamkeit also auf die Vergangenheit beschränkt war.

Ja sogar dann, wenn der Biotee in der Vergangenheit trotz zahlreicher Versuche noch *niemals* geholfen hat, dann ist dies zwar für den Anhänger der induktiven Methode ein guter Grund für die Annahme, dass der Biotee auch in Zukunft nicht helfen wird. Aber gerade für K, den «kritischen Rationalisten», ist dies doch offenbar kein guter Grund für diese Annahme. Denn er ist es doch, der sich grundsätzlich weigert, aus Vergangenem auf Zukünftiges zu schließen. Die vergangene Falsifizierung einer Gesetzeshypothese kann für K also immer nur einen Grund darstellen, das betreffende *Gesetz* für widerlegt zu halten, nicht aber auch die betreffende *Zukunftsprognose* zu verwerfen. Aus der Prognose folgt ja nicht logisch zwingend das Gesetz; aus dem Gesetz folgt vielmehr logisch zwingend die Prognose.

Nach alledem läge es für den «kritischen Rationalisten», wenn er konsequent wäre, in Reaktion auf die vergangene Falsifizierung einer Hypothese mindestens ebenso nahe, auf ihre künftige Bestätigung wie auf ihre künftige Widerlegung zu setzen. Denn wenn K nicht der Induktion vertraut, was kann für ihn dann dagegen sprechen, für die Zukunft gerade das Gegenteil des Vergangenen zu erwarten? Warum hat K also nicht etwa die folgende Erwartung: Gerade deshalb, weil die Sonne bisher täglich aufgegangen ist, wird sie zum Ausgleich dafür eine ebenso lange Zeit, wie sie in der Vergangenheit täglich aufgegangen ist, in Zukunft nicht mehr aufgehen? Warum sollten wir es ab sofort nicht einmal mit dieser Hypothese versuchen?

Natürlich würde sich eine solche Hypothese, wenn wir sie schon einmal in der Vergangenheit akzeptiert hätten, bis heute nicht bewährt haben. Denn wir wissen, dass die Natur bis heute ihre entsprechende Konstanz bewahrt hat. Aber wieso können wir ebenfalls wissen oder auch nur rationalerweise annehmen, dass das, was bis heute galt, auch morgen noch gelten wird – es sei denn, aufgrund von Induktion? Ja, wieso können wir rationalerweise annehmen, dass die Zukunft überhaupt noch *irgendeiner* Regel – ob der bisherigen Regel oder einer neuen Regel – folgen wird und nicht schon morgen in ein völlig regelloses Chaos stürzt – es sei denn, aufgrund von Induktion? Man sieht: Die «kritischen Rationalisten» gehen in ihrer Theorie unseres Wissens immer wieder stillschweigend von Voraussetzungen aus, die sie zuvor ausdrücklich als unbegründet, irrational und überflüssig verworfen haben.

Überflüssig aber scheint die induktive Methode für ein rationales Weltverständnis seitens der «kritischen Rationalisten» ebenso wenig wie seitens aller anderen Menschen auch zu sein. Hier noch zwei weitere Beispiele für die Selbstverständlichkeit, mit der jeder halbwegs normale Mensch die induktive Methode seinem alltäglichen Verhalten zugrunde legt.

Beispiel 1. Als ich vor Jahren einmal von der Terrasse eines Wolkenkratzers die nächtliche Aussicht auf New York genoss, fiel plötzlich der Strom aus. Damit funktionierten auch die Aufzüge nicht mehr. Da das Ende des Stromausfalls nicht abzusehen war, entschloss ich mich, zu Fuß durch das dunkle Treppenhaus herunterzugehen, was über eine halbe Stunde dauerte. Trotz des unangenehmen Abstiegs hätte ich es nicht für vernünftig gehalten, die Hypothese aufzustellen und zu testen, dass Menschen, die aus einer Höhe von über 300 m mit weit ausgebreiteten Armen zur Erde springen, zum Schluss sanft zur Erde schweben.

Nun könnte man vielleicht sagen, dass meine genannte Hypothese doch längst falsifiziert sei, da materielle Objekte aus einer entsprechenden Höhe schon mehr als einmal durchaus unsanft auf der Erde gelandet seien. Doch dem könnte ich, wenn ich ein «kritischer Rationalist» wäre, entgegenhalten, dass ich ja schließllich nicht ein beliebiges Objekt, sondern ein Lebewesen sei und dass eine Falsifikation im Fall von Lebewesen mir nicht bekannt sei, ja dass, was jedenfalls Lebewesen wie Vögel angeht, die Hypothese offenbar schon zahlreichen Falsifikationsversuchen widerstanden habe. Und selbst dann, wenn bereits einige Menschen aus der entsprechenden Höhe in den Tod gesprungen sein sollten, so könne es sich dabei nur um Selbstmörder gehandelt haben, die gar keine Anstrengungen gemacht hätten, unter dem richtigen Einsatz ihrer Arme im Gleitflug auf der Erde zu landen. Schließlich könnte ich auch noch anführen, dass ich schon bei vielen Gelegenheiten einen weitaus besseren Gleichgewichtssinn als andere Menschen bewiesen hätte, der mir, wovon ich als Hypothese sicher ausgehen dürfe, bei meinem Versuch von vornherein ganz andere Erfolgsaussichten als dem Durchschnittsmenschen verschaffen würde.

In Wirklichkeit würde natürlich kein «kritischer Rationalist» so oder ähnlich argumentieren, um dann anschließend
in den Tod zu springen. Er würde seiner Hypothese doch
wohl allenfalls dann Vertrauen schenken, wenn er sie vorher
– etwa durch Landungsversuche auf einem ausreichend wei-
chen Untergrund – hätte *verifizieren* können.

Beispiel 2. Nehmen Sie an, Sie haben eine lebensgefährliche
Krankheit. Seit ein paar Jahren gibt es jedoch ein Medikament x, das bei rechtzeitiger Anwendung bisher in sämtlichen, nämlich mehreren tausend Fällen die Krankheit erfolgreich besiegen konnte. Das Medikament kostet 200 Euro,
die Sie, da nicht versichert, selber tragen müssten. Nun ist
jedoch seit kurzem ein alternatives Medikament y auf dem
Markt, von dem der Hersteller behauptet, es sei genauso
wirksam wie Medikament x. Dieses Medikament y kostet
nur 180 Euro; allerdings liegen von ihm bislang noch keine
Testergebnisse vor. Würden Sie es unter diesen Umständen
auch nur ernsthaft in Betracht ziehen, sich für Medikament y
zu entscheiden? Ich glaube, kaum; Sie würden Medikament
y doch wohl nur dann vorziehen, wenn dieses Medikament
etwa ebenso viele Tests erfolgreich bestanden hätte wie Medikament x.

Ich überlasse es dem Leser, sich weitere Beispiele auszudenken, in denen wohl jeder von uns der induktiven Methode
gegenüber der Falsifizierungsstrategie beliebiger Hypothesen deutlich den Vorzug geben würde. Wir betrachten die
induktive Methode in unserem alltäglichen Verhalten also
gewiss nicht als überflüssig, sondern im Gegenteil als unver-

zichtbar. Ist die induktive Methode aber nicht trotzdem unbegründbar und somit irrational? Müssen wir unser gewöhnliches Vorgehen also, wenn wir der Vernunft folgen, nicht grundlegend revidieren?

Ich möchte nun zu zeigen versuchen, dass die induktive Methode zwar wirklich unbegründbar, aber trotzdem nicht unvernünftig oder irrational ist. Dass die induktive Methode als solche durch Argumente nicht begründbar ist, haben wir weitgehend schon gesehen (S. 61 ff.). Entscheidend ist: Ein logisch gültiges Argument kann uns in seiner Schlussfolgerung zwar unter Umständen etwas vermitteln, was wir in seinen Prämissen noch nicht offen erkannt haben. Doch objektiv betrachtet, kann die Schlussfolgerung eines solchen Arguments nichts beinhalten, was nicht auch in seinen Prämissen schon enthalten ist. Die Schlussfolgerung eines logisch gültigen Arguments kann zwar weniger, aber nie mehr als die Prämissen besagen.

Die induktive Methode jedoch besteht ja darin, dass sie zu Ergebnissen führt, die über den objektiven Informationsgehalt der Prämissen deutlich hinausgehen. Denn die Prämissen beziehen sich allein auf vergangene Ereignisse (wie die bisher wahrgenommenen Sonnenaufgänge). Die Schlussfolgerungen jedoch beziehen sich auf zukünftige Ereignisse (sei es auf sämtliche Sonnenaufgänge überhaupt oder auf sämtliche noch zu erwartenden Sonnenaufgänge). Das bedeutet: Die Schlussfolgerungen lassen sich definitiv *nicht* auf logisch gültige Weise aus den Prämissen ableiten. Ja, die induktive Methode lässt sich nicht einmal durch ihren bisherigen Erfolg begründen. Denn dieser Erfolg ist ja ebenfalls nur ein vergangener; seine künftige Erwartung setzt also die induktive Methode selbst bereits voraus (vgl. schon S. 63).

Die induktive Methode ist also nicht begründbar: Sie lässt sich nicht aus anderem Wissen ableiten. Wie könnte man zeigen, dass die induktive Methode gleichwohl nicht irrational ist? Man müßte plausibel machen, dass es trotz allem *vernünftig* ist, im realen Leben, wo die induktive Methode offenbar, wie wir sahen, eine unverzichtbare Rolle spielt, an ihr festzuhalten. Nach meiner Auffassung lässt sich dies tatsächlich auf folgende Weise plausibel machen.

Jede Begründung, die man für irgendetwas gibt, muss ein Ende haben. Das gilt für Begründungen theoretischer Erkenntnis ebenso wie für Begründungen praktischen Handelns. Ich kann zwar begründen, warum ich demnächst nach Bamberg fahren und dort übernachten werde – weil ich die Stadt liebe und weil dort außerdem an dem betreffenden Abend meine Lieblingssinfonie gespielt wird. Warum ich aber gerade diese Stadt und diese Sinfonie so liebe, kann ich letztlich nicht begründen. Meine Liebe oder Präferenz ist vielmehr die *Basis* für die Begründung meiner verschiedenen zielführenden Handlungen.

Ganz entsprechend verhält es sich im Bereich der theoretischen Erkenntnis – außer dass hier die Basis eine intersubjektiv von allen Menschen geteilte ist. Worin aber besteht diese allgemeine Basis unseres menschlichen Erkennens oder Wissens? Nun, *eine* Basis ist mit Sicherheit, wie wir in Kapitel 3 sahen, die Sinneswahrnehmung. Zwar kann eine einzelne Sinneswahrnehmung mich auch täuschen. Aber die einzige Methode, dies festzustellen, besteht auch wieder in der Sinneswahrnehmung – sei es in der Wahrnehmung eines anderen meiner Sinne oder in der Sinneswahrnehmung meiner Mitmenschen.

Angenommen, ein unerbittlicher Skeptiker würde sagen: «Woher weißt Du denn, dass gerade die Sinneswahrnehmung eine Basis für begründetes Wissen ist?» Ich würde ihm antworten: «Wie können wir uns denn ohne Sinneswahrnehmung über die Welt vergewissern? Was betrachtest *Du* denn im praktischen Leben als Basis für begründetes Wissen? Wie stellst *Du* denn etwa fest, ob vor der Einfahrt Deiner Garage momentan ein Mensch, eine Kuh, ein Auto oder gar nichts steht? Natürlich ist es *logisch möglich,* dass uns unsere Sinne nicht nur dann und wann, sondern permanent täuschen, dass wir also auf dem Weg der Sinneswahrnehmung *niemals* ein zuverlässiges Wissen erlangen können. Auf welche Weise aber können wir denn feststellen, ob dies wirklich zutrifft? Woran, außer wiederum an unserer Sinneswahrnehmung, können wir denn *einzelne* fragwürdige Resultate unserer Sinneswahrnehmung realistischerweise messen und anschließend korrigieren?»

Natürlich wäre es *denkbar,* dass wir sogar die *prinzipielle* Verlässlichkeit der Sinneswahrnehmung auf eine weitere Basis stützen könnten. Doch dann könnten wir eben *diese* Basis (oder die Basis dieser Basis) nicht weiter begründen: Irgendwo muss auch die beste Begründung abbrechen bzw. anfangen. Es ist schlicht unmöglich, für jede Begründung, die man gibt, ohne Ende eine weitere, ganz neue Begründung zu finden. Es ist ja nicht einmal der Fall, dass wir Menschen auch nur *eine* weitere Methode der Erkenntnisgewinnung über die reale Welt zur Verfügung haben, an der sich die Sinneswahrnehmung generell messen ließe.

So viel zur Sinneswahrnehmung als jedenfalls *einer* unverzichtbaren Basis unseres Erkennens und Wissens. Meine Behauptung geht nun dahin, dass für die induktive Methode, die sich ja der Sinneswahrnehmung bedient, etwas ganz Entsprechendes gilt wie für die Sinneswahrnehmung als solche. Wie die Sinneswahrnehmung ist auch die induktive Methode, wie wir sahen, in der Realität für uns unverzichtbar. Denn wie die Sinneswahrnehmung ist auch die induktive Methode eine Basis für einen Großteil unseres Wissens – unseres Wissens über die Zukunft. Und wie für die Sinneswahrnehmung ist auch für die induktive Methode keine weitere Basis ersichtlich, die ihrer Begründung dienen könnte. Man kann die induktive Methode zwar im einzelnen zu analysieren und zu präzisieren versuchen, aber man kann sie, wie wir sahen, nicht begründen: Sie ist selbst die Basis und das Kriterium für unser begründetes Wissens über die Zukunft.

Es ist in diesem Zusammenhang aufschlussreich, sich einmal zu fragen, welche Möglichkeit einer Zukunftsvoraussage wir für den logisch denkbaren Fall haben, dass die Natur in Zukunft *nicht* konstant bleibt, dass die induktive Methode also versagt. Die Antwort lautet schlicht: Wir haben *gar keine* solche Möglichkeit. Denn es gäbe unter dieser Voraussetzung eine geradezu unendliche Vielzahl möglicher alternativer Naturverläufe bzw. Naturereignisse. Zum einen könnte ein vollkommen regelloses Chaos herrschen; zum anderen könnten sich aber auch neue Regelmäßigkeiten ergeben, die von den vergangenen total abweichen. So könnte etwa die Sonne anstatt alle 24 Stunden alle 6 Tage, alle 5 Wochen oder alle 4 Monate neu aufgehen.

Nun bildet der Fall, dass die Natur demnächst ihre bisherige Konstanz einbüßt, zwar *eine* logische Möglichkeit. Eine weitere logische Möglichkeit aber besteht ohne Zweifel darin, dass die Natur ihre bisherige Konstanz beibehält. Und genau für diesen Fall haben wir ja die Möglichkeit zuverlässiger Voraussagen – nämlich mithilfe der induktiven Methode! Selbst wenn wir also dem radikalen Skeptiker folgen und – theoretisch betrachtet – die künftige Konstanz des Naturverlaufs weder für sicher noch auch nur für wahrscheinlich erklären, so spricht trotzdem – pragmatisch betrachtet – das folgende Argument für die Akzeptanz der induktiven Methode.

Für den möglichen Fall einer künftigen Inkonstanz der Natur haben wir überhaupt keine Chance einer zuverlässigen Voraussage. Für den möglichen Fall einer künftigen Konstanz der Natur jedoch haben wir die bewährte induktive Methode. Das bedeutet: Wenn wir uns für die induktive Methode entscheiden und an ihr festhalten, so haben wir damit im Fall einer künftigen Inkonstanz der Natur zwar nichts gewonnen, aber auch nichts verloren; im Fall einer künftigen Konstanz der Natur jedoch haben wir damit eindeutig das große Los gezogen. Also sollten wir, selbst wenn wir das Schlimmste für möglich halten, der induktiven Methode die Treue bewahren.

5. Sind Werte Gegenstand des Wissens?

Kann man Werte erkennen und über sie Wissen erlangen? Kann man also seine Urteile über Werte – seine Werturteile – objektiv begründen? Oder ist es eine Sache des persönlichen Beliebens oder der persönlichen Entscheidung jedes einzelnen, was für ihn einen Wert darstellt und an welchen Werten er sein Handeln ausrichten sollte?

Bevor wir uns diesen Fragen zuwenden, müssen wir uns zunächst ein genaueres Bild davon machen, welche Bedeutung wir mit dem Wort «Wert» überhaupt verbinden. Was meinen wir, wenn wir sagen, etwas stelle einen Wert dar oder etwas habe einen Wert? Es scheint, dass wir einen Wert einem Gegenstand immer dann zuschreiben, wenn wir diesen Gegenstand wertschätzen oder positiv bewerten, dass also ein Gegenstand dadurch, dass wir ihn positiv bewerten, für uns einen Wert darstellt. Häufig geschieht dies dadurch, dass wir den Gegenstand etwa als «wertvoll» oder «gut» oder «hervorragend» bezeichnen. Der Gegenstand der Bewertung kann dabei von beliebiger Art sein. Es kann sich um ein physisches Objekt (wie ein Auto), um einen Menschen (wie einen Künstler), um ein menschliches Verhalten (wie eine Spende), um ein Ereignis (wie einen Sonnenuntergang) oder um einen Zustand (wie ein bestimmtes Klima) handeln.

Das Urteil, wonach etwas einen Wert besitzt, kann sowohl in einem expressiven als auch in einem deskriptiven Sinn gemeint sein. In einem expressiven Sinn ist es gemeint, wenn ich mit dem Urteil *meine eigene* positive Bewertung *zum Ausdruck bringe,* wenn ich also etwa sage: «Das gestrige Konzert in der Philharmonie war großartig.» In einem deskriptiven Sinn ist es gemeint, wenn ich mit dem Urteil lediglich eine *fremde* positive Bewertung *beschreibe,* wenn ich also etwa sage: «Der Stierkampf stellt für die Spanier einen hohen Wert dar.»

In einem deskriptiven Sinn wird der Wertbegriff besonders häufig in ökonomischer Hinsicht verwendet. Dies ist der Fall, wenn etwa ein Kunsthändler sagt, ein Bild von Pablo Picasso habe einen größeren Wert als ein Bild von Emil Nolde. Gleichzeitig könnte der Kunsthändler ja im expressiven Sinn sagen, nach seinem eigenen ästhetischen Geschmack habe ein Bild von Emil Nolde den größeren Wert. Wenn im folgenden von Werturteilen die Rede ist, sind im Zweifel expressive Werturteile gemeint.

Was folgt daraus, wenn jemand ein Objekt positiv bewertet und ihm damit einen Wert zuschreibt? Wie es scheint, haben unsere Werturteile immer auch mögliche Konsequenzen für unser Handeln: Wer etwa die Fernsehsendung «Deutschland sucht den Superstar» für großartig hält, wird sie sich normalerweise nach Feierabend auch ansehen. Allerdings muss der Zusammenhang zwischen Werturteil und Handeln nicht immer ein unmittelbarer sein. Man betrachte folgendes Beispiel.

Angenommen, ich gebe über die Automarke Mercedes ein positives Werturteil ab. Dann folgt daraus zwar nicht automatisch, dass ich einen Mercedes kaufen werde. Was normalerweise jedoch durchaus folgt, ist, dass ich einen Mercedes unter bestimmten Bedingungen kaufen *würde* – nämlich dann, wenn ich 1. ohnehin ein Auto kaufen will, wenn ich 2. keine andere Marke noch besser als Mercedes finde und wenn ich 3. mir den Kauf eines Mercedes ohne weiteres leisten kann. Es wäre in der Tat sehr merkwürdig, wenn ich tatsächlich anstatt eines Mercedes etwa einen BMW kaufen würde, *obschon* ich BMW nicht so positiv bewerte wie Mercedes und obschon beide Modelle gleich viel kosten. Man würde in diesem Fall mit Recht annehmen, dass mein abgegebenes Werturteil über Mercedes nicht ehrlich gemeint war.

Bewertungen, die jemand über bestimmte Gegenstände vornimmt, haben demnach stets auch einen zumindest möglichen Bezug zum *Handeln* dessen, der die Bewertung vornimmt. Jeder Bewertung liegt nämlich so etwas wie eine Einstellung zugrunde, in der Wünsche, Präferenzen oder Interessen des Betreffenden, bezogen auf einen bestimmten Weltzustand, zum Ausdruck kommen. Dabei wird der Handlungsbezug besonders deutlich, wenn die betreffende Wertung *unmittelbar* auf menschliches Verhalten zielt. Und das trifft vor allem dann zu, wenn menschliches Verhalten – das eigene Verhalten wie das der Mitmenschen – unter *moralischem* Aspekt bewertet wird.

Man betrachte etwa den Fall, dass jemand vom zentralen Wert der Freiheit und der Gerechtigkeit in der Gesellschaft oder vom unveräußerlichen Wert der Menschenrechte spricht. Hier ist mit der positiven Bewertung gleichzeitig die Forderung verbunden, die genannten Zustände bzw. Institu tionen sozial in Geltung zu setzen bzw., sofern sie schon sozial in Geltung sind, beizubehalten und zu fördern. Dabei machen diese Beispiele deutlich, dass der Wertbegriff besonders gern verwendet wird, wenn die moralischen Werte, um die es geht, auch politisch eine wichtige Rolle spielen. Man spricht dann häufig auch von «Grundwerten», die der Gesellschaft als Richtschnur dienen sollen.

Nach alledem können wir sagen: Wenn A einem x einen Wert zuschreibt und x damit positiv bewertet, bringt A dadurch gewöhnlich eine Einstellung gegenüber x zum Ausdruck, die für menschliches Handeln – eigenes und manchmal auch fremdes menschliches Handeln – einen Maßstab bildet: A wünscht, dass er selbst bzw. dass seine Mitmenschen in ihrer Lebenspraxis x realisieren, also verwirklichen oder erleben.

Das bedeutet nicht, dass A jenes x, das er positiv bewertet, unter allen Umständen auch tatsächlich realisiert. Zum einen kann es der Fall sein, dass A x (etwa einen Konzertbesuch) nur realisieren kann, indem er auf y (etwa ein Fußballspiel im Fernsehen), das für ihn einen größeren Wert als x besitzt, verzichtet oder dass die Realisierung von x für A negative Folgen hätte (etwa die Verschlimmerung einer Krankheit), die für ihn den Wert von x überwiegen. In diesen Fällen wird A x, obschon x als solches für ihn einen Wert darstellt, vernünftigerweise *nicht* realisieren. Und zum anderen kann es der Fall sein, dass A es etwa aus Faulheit oder anderer Willensschwäche nicht fertigbringt, die notwendigen Voraussetzungen zur Realisierung von x (wie den rechtzeitigen Kauf einer Konzertkarte) zu erfüllen. In diesem Fall wünscht A zwar, x zu realisieren, und vernünftigerweise würde A x auch realisieren; doch es fehlt A an der nötigen Willenskraft.

Wenden wir uns nun der eigentlichen Frage zu, ob A auch *wissen* kann, was für ihn oder seine Mitmenschen tatsächlich einen Wert darstellt, also von ihm oder seinen Mitmenschen als wertvoll betrachtet werden sollte. Prüfen wir zunächst, ob A ein solches Wissen vielleicht auf einem jener Wege erlangen kann, die wir in den Kapiteln 2 und 3 behandelt haben.

Allein «durch logisches Denken» kann A ein Wissen über Werte gewiss nicht erlangen. Denn einen logischen Denkfehler würde A gewiss nicht begehen, wenn er statt eines abendlichen Sonnenuntergangs etwa einen nächtlichen Regenschauer oder statt eines Bundesligaspiels im Herrenfußball ein Bezirksligaspiel im Damenfußball als Wert betrachten sollte. Ja, selbst ein Eintreten für die Rassendiskriminierung oder für den totalitären Staat verstoßen als solche nicht gegen die Logik.

Kann A etwa «durch Sinneswahrnehmung» zu einem Wissen darüber gelangen, was er als einen Wert oder als wertvoll betrachten sollte? Auch diese Frage ist offenbar zu verneinen. Mit unseren fünf Sinnen können wir nur etwas wahrnehmen, das in der Außenwelt Realität besitzt. Werte, die uns als Gründe für unser Handeln dienen können, gehören nicht dazu. Ich kann zwar einen bestimmten Sonnenuntergang in allen Einzelheiten sehen; aber ich kann nicht gleichzeitig sehen, dass dieser Sonnenuntergang einen Wert darstellt, also meine besondere Aufmerksamkeit und Bewunderung auch *verdient*. Und ich kann zwar unter Umständen visuell wahrnehmen, wie ein Kind von einem Jogger vor dem Ertrinken gerettet wird; aber ich kann nicht visuell wahrnehmen, dass dieser Rettungsakt einen Wert darstellt und deshalb Lob ebenso wie Nachahmung *verdient*.

Um Werte als solche wahrnehmen zu können, müßten wir in Wahrheit von den folgenden beiden Annahmen ausgehen: 1. Werte besitzen eine *objektive Existenz*. 2. Wir haben so etwas wie einen «sechsten Sinn», der uns den *Zugang* zu diesen objektiv existenten Werten – entsprechend unserem Zugang zu den Gegenständen der Außenwelt – verschafft.

Gibt es objektiv existente Werte? Eine solche Annahme erscheint wenig realistisch. Gegen sie spricht bereits die Tatsache, dass wir für viele Werturteile, die wir abgeben, nicht einmal den Anspruch erheben, dass sie von unseren Mitmenschen geteilt werden, also als Urteile über etwas objektiv Vorhandenes die nötige allgemeine Zustimmung finden: Es ist mir ganz gleichgültig, ob auch meine Mitmenschen meiner Katze oder meiner Lieblingsmusik einen Wert zuschreiben. Es besteht insoweit also überhaupt kein Anlass, für diese Werte Objektivität zu postulieren.

Doch auch für *moralische* Werte (wie die Freiheit oder die Menschenrechte), die wir als allgemeinverbindlich betrachten und universal anerkannt sehen möchten, ist eine objektive Existenz nicht nachweisbar. Denn da Werte überhaupt, wie schon gesagt, ja jedenfalls nicht Teil der empirischen, mit unseren fünf Sinnen wahrnehmbaren Welt sind, könnten sie nur Teil einer außerempirischen, metaphysischen Welt sein. Wie aber hätten wir uns eine solche metaphysische Welt der Werte bzw. der in ihr existenten, wertbehafteten Gegenstände näher vorzustellen? Würden etwa die Freiheit oder die Menschenrechte, die ja bereits in einigen Gesellschaften durch die jeweilige staatliche Rechtsordnung gewährleistet sind, in einer metaphysischen Welt der Werte noch eine zweite, zusätzliche Form der Existenz besitzen?

Nehmen wir aber einmal an, zumindest einige dieser als allgemeinverbindlich betrachteten Werte besäßen tatsächlich eine objektive Existenz in einer eigenen Art von Realität. Dann stünden wir immer noch vor der folgenden Frage: Auf welche Weise bzw. nach welcher Methode können wir über diese Werte zu Wissen gelangen? Wenn wir diese Frage beantworten wollen, sind wir bei der zweiten der beiden oben genannten Annahmen angelangt: Wir benötigen offenbar so etwas wie einen «sechsten Sinn», der uns einen verlässlichen Zugang zu dem gemäß der ersten Annahme existenten Reich der Werte verschafft.

Nun würden einige Philosophen sagen, dass wir tatsächlich einen solchen «sechsten Sinn» besitzen – einen Sinn nämlich, durch den wir auf dem Weg der *Intuition* Wissen über bestimmte, moralisch allgemeinverbindliche Werte erlangen können. Diese Philosophen würden etwa argumentieren: «Gleichgültig, wo und wie diese Werte real existieren: Wir können jedenfalls auf intuitivem Wege Werterfahrungen machen, die nicht weniger zuverlässig sind als unsere auf Wahrnehmung basierenden empirischen Erfahrungen. Auf diese Weise können wir zum Beispiel durchaus wissen, dass jeder Mensch das gleiche Menschenrecht auf Leben besitzt. Niemand kann sich diesem Wissen vernünftigerweise verschließen».

Eine ähnliche Sichtweise mag auch dem Wertverständnis nicht weniger Normalbürger entsprechen. Ist sie aber wirklich haltbar? Um das herauszufinden, sollten wir uns fragen: Was könnten wir jemandem entgegenhalten, der es durchaus für legitim hält, etwa einen Menschen, der das Ansehen seiner Familie verletzt hat, zu töten, der also ein Menschenrecht auf Leben, wie wir es verstehen, nicht anerkennt? Ist sein Erkenntnisvermögen nicht intakt oder getrübt? Nimmt er also einen Wert nicht wahr, den wir problemlos wahrnehmen? Aber wie könnten wir ihm dies klarmachen? Vielleicht stimmt er ja sogar in vielen anderen Wertungsfragen mit uns überein. Sein angebliches Vermögen, Werte zu erkennen, kann also nicht *generell* getrübt sein.

Ist unter diesen Umständen nicht vielleicht die folgende Erklärung für den vorliegenden Dissens plausibler? Ich meine die Erklärung, dass der Betreffende statt eines defekten Urteilsvermögens eine abwegige lebenspraktische, moralische Einstellung zu einem bestimmten Sachverhalt hat – eine Einstellung, die wir anderen ablehnen und auch nicht zu dulden bereit sind. Liegt also der Unterschied zwischen seiner und unserer Bewertung anstatt in einem unterschiedlichen theoretischen *Erkennen* nicht vielmehr in einem unterschiedlichen handlungsbezogenen *Wollen?*

Schließlich kommen auch ganze Gesellschaften nicht selten, wenn es um ihre sozialen «Grundwerte» geht, zu sehr unterschiedlichen Ergebnissen. So ist etwa die Demokratie weltweit keineswegs die einzige oder die verbreitetste Staatsform. Und auch die elementaren Menschenrechte sind bis heute keineswegs universal anerkannt. Ja sogar innerhalb der westlichen Demokratien gibt es erhebliche Wertunterschiede. Man denke etwa an die Institution der Todesstrafe, wie sie in den meisten Einzelstaaten der USA Geltung besitzt, oder an den völkerrechtswidrigen Krieg der USA gegen den Irak mit Tausenden unschuldiger Opfer.

Gibt es nach alledem also überhaupt keine Art von Wissen über die *Werte,* die wir vernünftigerweise akzeptieren und unter Umständen auch verbreiten sollten, sondern lediglich ein empirisches Wissen über die tatsächlichen *Wertungen,* die ein bestimmtes Individuum oder die eine bestimmte Gesellschaft nach eigenem Gutdünken in der Realität vornimmt?

Diese Schlussfolgerung wäre vorschnell. Zwar können wir kein Wissen über Werte im Sinne letzter Ziele erlangen – über Werte, die ich im Folgenden auch als *Eigenwerte* bezeichnen werde. Wohl aber können wir ein Wissen über die Bedingungen und Voraussetzungen erlangen, mit denen die Verfolgung dieser Eigenwerte in der Realität verbunden ist. Denn viele Werte, die wir im Alltag gewöhnlich verfolgen, betrachten wir ja nicht als Eigenwerte zum Selbstzweck, sondern lediglich als geeignete Mittel zur Verwirklichung anderer, grundlegenderer Werte. Ich bezeichne alle diese Werte, die nicht um ihrer selbst willen, also nicht als Eigenwerte, verfolgt werden, auch als *Instrumentalwerte.* Wir werden im Folgenden noch sehen, dass die prinzipielle Erkennbarkeit geeigneter Instrumentalwerte insbesondere bei der Begründung der moralischen Grundwerte von Staat und Gesellschaft entscheidende Bedeutung gewinnt.

Machen wir uns zunächst den Unterschied zwischen Eigenwerten und Instrumentalwerten noch etwas näher deutlich. Es ist ohne weiteres möglich, einen Wert gleichzeitig *sowohl* als Eigenwert *als auch* als Instrumentalwert zu verfolgen. Dieses wird in der Realität sogar recht häufig vorkommen. So dürften die allermeisten Menschen etwa ein gesundes Leben wertschätzen sowohl als Eigenwert um seiner selbst willen als auch als Instrumentalwert deshalb, weil es ihnen die Möglichkeit gibt, einer speziellen Beschäftigung, die ihnen als Eigenwert am Herzen liegt (wie etwa ihrem Beruf oder dem Fußballspielen oder dem Musizieren), optimal nachzugehen.

Ein gutes Beispiel für einen Instrumentalwert ist das *Geld*. Es erscheint wenig sinnvoll, Zeit für den Erwerb von Geld aufzubringen, für das man überhaupt keine Verwendung hat. Denn Geld ist seiner Funktion nach ein typisches Mittel zum Zweck. Zwar gibt es auch Menschen, für die das Geldverdienen anscheinend einen Eigenwert, einen Wert an sich darstellt. Man kann jedoch fragen, ob diese Menschen nicht möglicherweise ein erfüllteres, glücklicheres Leben hätten, wenn sie als Eigenwert oder Selbstzweck andere Ziele als das Geldverdienen verfolgen würden.

Damit soll nicht gesagt sein, dass jemand nicht sinnvollerweise etwa einen bestimmten Beruf ausüben kann, durch den er eindeutig mehr Geld verdient, als er ausgeben kann. Man denke etwa an einen prominenten Künstler. Denn hier kann ja die Berufsausübung als solche und nicht das Geldverdienen als Eigenwert betrachtet werden. Doch auch darin unterscheiden sich die Menschen offenbar, ob und inwieweit sie mit ihrer beruflichen Tätigkeit einen Eigenwert verbinden können. Ich selbst hätte meinen Beruf als Universitätsprofessor sicher nicht ausgeübt, wenn ich das zum Leben notwendige Geld etwa geerbt hätte.

Dass man mit Geld sehr vieles – wenn auch nicht alles – kaufen kann, ist eine Trivialität: Geld stellt für viele Menschen, die offene Wünsche haben, jedenfalls einen Instrumentalwert dar. Und dass Geld diesen Instrumentalwert besitzt, ist gewiss eine Sache des Wissens: Natürlich *wissen* wir, dass Geld uns dazu dienen kann, viele unserer Eigenwerte zu verwirklichen, und dass Geld damit für uns normalerweise einen hohen Instrumentalwert besitzt. Der Zweck, dem das Geld *unmittelbar* dient, kann dabei auch selbst wieder Mittel zu einem weiteren Zweck sein und so über mehrere Stufen dem eigentlichen Eigenwert dienen. So kann etwa der Instrumentalwert des Geldes dem Instrumentalwert bestimmter Nahrungsmittel und dieser Instrumentalwert dem Eigenwert eines gesunden Lebens dienen.

Selbstverständlich ist dabei auch die Beziehung zwischen dem Instrumentalwert «Nahrungsmittel» und dem Eigenwert «gesundes Leben» unserem Wissen zugänglich, wenn auch dieses Wissen hier längst nicht so offen zu Tage liegt wie im Fall des Instrumentalwertes «Geld». Denn hier lautet die Frage ja etwa: «Welche Art von Nahrung soll ich zu mir nehmen bzw. nicht zu mir nehmen, um möglichst gesund zu leben? Soll ich vielleicht zu diesem Zweck kein Fleisch essen, wie viele Vegetarier meinen? Oder soll ich, wie einige Ernährungswissenschaftler meinen, zwar durchaus Fleisch essen, aber nicht beliebige Mengen an Fleisch und nicht Fleisch beliebiger Art?» Dass diese und ähnliche Fragen sich bis heute kaum zweifelsfrei beantworten lassen, bedeutet sicher nicht, dass sie grundsätzlich unserem Wissen verschlossen sind.

Ich fasse zusammen: Zwar ist der Eigenwert, den etwa ein langes und gesundes Leben für mich hat, als solcher nicht Gegenstand meines Wissens, sondern Gegenstand meines

Wünschens oder Wollens. Doch der Wert, den eine bestimmte Form der Ernährung insofern für mich hat, als diese Ernährung als Instrumentalwert den genannten Eigenwert fördert, ist durchaus ein Gegenstand möglichen Wissens, und zwar eines Wissens aufgrund empirischer Erfahrung. Man sollte jedoch stets bedenken: Die letzte Grundlage *jeder* Bewertung muss *irgendein* Eigenwert sein – ein Eigenwert, der identisch ist mit der positiven Bewertung oder Wertschätzung durch ein menschliches Individuum, in der der Wunsch dieses Individuums nach einem bestimmten Gegenstand – wie einem Ereignis, einem Erlebnis oder einem Verhalten – zum Ausdruck kommt.

Ist es auf dieser Grundlage möglich, dass ein Individuum eine positive Bewertung vornimmt, der in Wahrheit jedoch kein Wert für dieses Individuum entspricht? Dies ist durchaus möglich. Immer dann nämlich, wenn Individuum A ein x als Instrumentalwert zur Realisierung eines erstrebten Eigenwertes y für geeignet hält, das diese Eignung jedoch nicht besitzt, hat x in Wahrheit für A insoweit auch keinen Wert. (Allerdings könnte x für A trotzdem insoweit einen Wert haben, als x der Realisierung eines weiteren von A erstrebten Eigenwertes z dient.) Wenn ich zur Bekämpfung einer bestimmten Krankheit etwa ein Medikament kaufe und damit positiv bewerte, das tatsächlich die Krankheit *nicht* bekämpft, dann hat dieses Medikament in Wahrheit für mich keinen Wert, obschon ich es positiv bewerte. Und umgekehrt gilt ebenfalls: Wenn ich ein wirksames Medikament in Unkenntnis seiner Wirksamkeit *nicht* wertschätze und kaufe, so hat dieses Medikament in Wahrheit für mich trotzdem einen Wert.

Es kann also sowohl *vermeintliche,* in Wahrheit fälschliche Instrumentalwerte geben, die der Betreffende in einem aufgeklärten Zustand keineswegs als Werte betrachten würde, als auch *ignorierte,* in Wahrheit vorhandene Instrumentalwerte, die der Betreffende in einem aufgeklärten Zustand durchaus als Werte betrachten würde. Sind entsprechende Irrtümer aber auch in Bezug auf Eigenwerte möglich, die, wie gesagt, die eigentliche Grundlage jeder Bewertung überhaupt sind? Kann es also außer vermeintlichen sowie ignorierten Instrumentalwerten auch vermeintliche sowie ignorierte Eigenwerte geben?

Um mit der ersten Frage zu beginnen: Man könnte meinen, vermeintliche Eigenwerte könne es *nicht* geben, weil Eigenwerte ja nicht als Mittel zu einem weiteren Zweck wertgeschätzt werden – zu einem Zweck, den sie nach Kenntnis der Dinge tatsächlich verfehlen können. Doch näheres Nachdenken zeigt, dass durchaus auch ein als Eigenwert oder Selbstzweck verfolgtes Ziel für Individuum A in Wahrheit wertlos sein kann. Nehmen wir an, A ist begeisterter Bergsteiger und plant für den kommenden Tag als Eigenwert eine Hochgebirgstour. Doch A ist zum Zeitpunkt der Planung nicht informiert darüber, dass für den kommenden Tag ein Wetterumschwung mit einem schweren Schneesturm vorausgesagt ist. Unter diesen Bedingungen stellt die Bergtour für A in Wahrheit sicher keinen Wert dar; denn in klarer Kenntnis dieser Bedingungen würde A die Bergtour nicht machen wollen.

Oder nehmen wir an, A entscheidet sich aus reiner Begeisterung für einen bestimmten Beruf – ohne darüber informiert zu sein, dass er den schweren physischen Belastungen, die dieser Beruf mit sich bringt, auf Dauer nicht gewachsen sein wird. Auch hier stellt der betreffende Beruf, den A als Selbstzweck ansieht, in Wahrheit für ihn keinen Wert dar.

Statt dass A zum Zeitpunkt seiner Wertentscheidung über die näheren Umstände seines Vorhabens nicht hinreichend *aufgeklärt* oder informiert ist, kann es auch der Fall sein, dass A zwar hinreichend aufgeklärt ist, dass er aber – etwa weil psychisch krank oder in betrunkenem Zustand – nicht hinreichend *urteilsfähig* ist. Auch in diesem Fall wird man sagen müssen, dass seiner positiven Bewertung der betreffenden Bergtour bzw. Berufstätigkeit nicht wirklich ein Wert entspricht, da A nicht in der Lage ist, die positiven und negativen Seiten seines Vorhabens rational, also kühl und sachlich gegeneinander abzuwägen. An der notwendigen Urteilsfähigkeit als Voraussetzung rationaler Bewertung fehlt es in vieler Hinsicht insbesondere bei Kindern.

Es kann somit offenbar auch vermeintliche Eigenwerte geben. Und es kann sogar ignorierte Eigenwerte geben – im Sinn von Eigenwerten, die der Betreffende als solche betrachten *würde*, wenn er hinreichend aufgeklärt und urteilsfähig wäre. Zwar wird sich die Frage, was jemand – unter den genannten hypothetischen Bedingungen – als Eigenwert betrachten würde, häufig nur schwer beantworten lassen. Ausgeschlossen erscheint eine solche Antwort, sofern man den Betreffenden gut kennt, jedoch nicht. So erscheint es zum Beispiel nicht unwahrscheinlich, dass etwa für einen intelligenten und hochmusikalischen Asiaten, der noch nie den Namen «Johann Sebastian Bach» gehört hat, dessen Musik tatsächlich einen – von ihm ignorierten – Eigenwert darstellt. Und vielleicht zeigt sich in der Zukunft, dass diese Annahme richtig war.

Wir können aus alledem den Schluss ziehen: Selbst ein in der Realität als Eigenwert verfolgtes Ziel kann, objektiv betrachtet, nur dann wirklich als ein Wert für den Betreffenden gelten, wenn er seine Bewertung in einem Zustand der Urteilsfähigkeit und der Kenntnis aller für diese Bewertung relevanten Fakten vorgenommen hat. Insofern besitzt jedes als wertvoll verfolgte Ziel, soll es tatsächlich für den Bewertenden einen Wert darstellen, neben dem subjektiven Element der persönlichen Wertschätzung durch den Bewertenden immer auch noch ein objektives Element. Im Fall eines Instrumentalwertes ist dies die tatsächliche Eignung dieses Wertes als Instrument zur Realisierung des erstrebten Eigenwertes. Im Fall eines Eigenwertes ist dies die Urteilsfähigkeit und Informiertheit des Bewertenden. Im ersten Fall handelt es sich um ein inhaltliches, im zweiten Fall um ein formales Element unseres Wissens. Ebenso wie ein falsches Medikament für den Arzt, der Leben retten will, keinen Wert besitzt, besitzt auch das Laufen über den nicht ausreichend gefrorenen See für das Kind, das aus Spaß über den See laufen möchte, keinen Wert. Nicht jedes reale Wollen oder Handeln verkörpert auch einen Wert.

Im Bereich der Verhaltenswerte gibt es, so wie sie verfolgt werden, sowohl Werte, die sich nur auf das eigene Verhalten richten, als auch Werte, die sich auch auf das Verhalten anderer richten. In die erste Kategorie fallen – nach dem Verständnis der meisten Menschen – etwa ästhetische Werte wie zum Beispiel ein Konzertbesuch. In die zweite Kategorie fallen – nach dem Verständnis der meisten Menschen – insbesondere moralische Werte wie zum Beispiel die Respektierung fremden Eigentums. Denn moralische Werte sind gewöhnlich mit dem Wunsch und mit der Forderung nach allgemeiner Zustimmung verbunden.

Von besonderer Bedeutung ist natürlich die Frage, inwieweit sich diese Forderung nach allgemeiner Zustimmung wirklich begründen lässt. Und eine besondere Brisanz gewinnt diese Frage dort, wo es um die sogenannten Grundwerte – verstanden als moralische Grundwerte – im Bereich der Politik geht. Als die zentralen Grundwerte werden in der gegenwärtigen westlichen Welt neben Freiheit und Gerechtigkeit vor allem die Menschenrechte und die Demokratie betrachtet. Wie aber können wir wissen, dass dies tatsächlich Werte sind, die vernünftigerweise von jeder Gesellschaft, also universal als Werte betrachtet und akzeptiert werden? Und wie können wir dieses Wissen fremden Gesellschaften vermitteln, die diese Grundwerte bislang nicht als solche betrachtet und akzeptiert haben?

Zunächst einmal: Die Tatsache, dass vermutlich die meisten Menschen in unserer Gesellschaft diese Werte sogar als Eigenwerte akzeptieren, schließt nicht aus, dass diese Werte für uns alle ebenfalls wichtige Instrumentalwerte sind (siehe S. 85 f.) und dass sie zumindest in dieser Funktion auch für Menschen fremder Kulturen Gegenstand der Erkenntnis sein können. Welchen Eigenwerten also, die auch von den Menschen fremder Kulturen verfolgt werden, könnten diese Grundwerte dienen? Ich beschränke mich im folgenden auf den Grundwert der «Menschenrechte».

Unter Menschenrechten versteht man solche individuellen Rechte oder Ansprüche, die aus ethischen Gründen von jedem Staat der Welt allen Menschen innerhalb seines Hoheitsgebiets als verfassungsmäßige Grundrechte zuerkannt werden sollten. Die wichtigsten dieser Menschenrechte sind das Recht auf Leben, das Recht auf körperliche Unversehrtheit und das Recht auf Handlungsfreiheit. Wenn ein Staat diese Rechte anerkennt, verpflichtet er sich dazu, 1. seinerseits dem Individuum im Prinzip das Leben, die körperliche Unversehrtheit und die Handlungsfreiheit nicht zu nehmen und 2. das Individuum vor rechtswidrigen Angriffen anderer Individuen auf diese Werte möglichst wirksam zu schützen. In der folgenden Argumentation beschränke ich mich auf das Beispiel des Rechts auf Leben.

Es ist leicht zu sehen, dass wohl jedes menschliche Individuum – gleichgültig in welchem Kulturkreis – sowohl einen Eigenwert als auch einen Instrumentalwert zumindest mit dem *eigenen* Leben verbindet. Der soziale bzw. rechtliche Grundwert des Rechts auf Leben erfasst jedoch auch das Leben aller Mitbürger. Kann unter diesen Umständen, so ist zu fragen, der Einzelne zu der Erkenntnis kommen oder das Wissen erlangen, dass nicht nur die Respektierung seines eigenen Lebensrechts, sondern auch die Respektierung des Lebensrechts seiner Mitbürger für ihn jedenfalls einen Instrumentalwert darstellt?

Die Antwort auf diese Frage ist nicht schwer zu finden: Der Einzelne hat einfach keine Chance, den Wert des eigenen Lebensrechts zu realisieren, wenn er nicht im Prinzip auch das Lebensrecht seiner Mitbürger anerkennt. Um von meinen Mitbürgern als Inhaber eines Lebensrechts anerkannt zu werden, muss ich bereit sein, auch meine Mitbürger als Inhaber eines Lebensrechts anzuerkennen. Nur ein Lebensrecht, das im Prinzip *von* allen und *für* alle anerkannt wird, kann im Regelfall auch mir einen wirksamen Lebensschutz durch den Staat garantieren.

Trifft dies aber wirklich auf jede beliebige Gesellschaft unter allen Umständen zu? Kann nicht unter gewissen Umständen ein machtbesessener Diktator das eigene Leben und das seiner Führungsclique auch wirksam sichern, ohne dafür ein allgemeines Lebensrecht aller Bürger anzuerkennen?

Das ist gewiss nicht auszuschließen. Die Geschichte zeigt jedoch, dass jede Diktatur mittel- bis langfristig zumindest mit erheblichen Risiken verbunden ist. Es gibt keine menschlichen Individuen, die von Natur aus so stark und mächtig sind, dass sie die Gewissheit haben können, auf Dauer mit ihren Mitmenschen gefahrlos ohne jede Rücksicht umgehen zu können. Man darf in diesem Zusammenhang nicht den Fehler machen, nur jene totalitären Herrscher zu betrachten, die tatsächlich das Glück hatten, lebenslang ihre Macht behaupten zu können. Man muss vielmehr auch jene *potenziellen* Herrscher in die Betrachtung einbeziehen, die bereits auf dem Weg zur Macht gescheitert sind bzw. sogar ihr Leben verloren haben. Das Risiko hierfür ist jedenfalls stets vorhanden.

Zumindest so viel kann man sicher wissen: Für die große Mehrheit der Mitglieder *jeder* menschlichen Gesellschaft stellt eine staatliche Garantie der elementaren Menschenrechte einen hohen Wert dar. Es mag zwar der Fall sein, dass in manchen Gesellschaften Bedingungen herrschen, unter denen zahlreiche Bürger dies nicht selber erkennen. Dies kann dann aber nur darauf beruhen, dass diese Bürger – etwa aus religiöser oder sonstiger ideologischer Verblendung –

sich irgendwelchen Illusionen hingeben und somit über alle relevanten Fakten nicht wirklich aufgeklärt sind bzw. diese Fakten nicht angemessen zu würdigen wissen. Das aber schließt, wie wir schon sahen (S. 88 f.), grundsätzlich nicht aus, dass auch für diese Menschen die Menschenrechte in Wahrheit einen Wert darstellen. Denn zumindest das *eigene* Leben, die *eigene* körperliche Unversehrtheit und die *eigene* Handlungsfreiheit stellen zweifellos, so wie die menschliche Natur beschaffen ist, für jeden urteilsfähigen und aufgeklärten Menschen einen Eigenwert dar.

6. Sind religiöser Glaube und Wissen vereinbar?

Es gibt Religionen sehr unterschiedlicher Art. In manchen, den monotheistischen Religionen wie dem Christentum, steht der Glaube an einen einzigen Gott im Zentrum. In anderen, den polytheistischen Religionen wie dem Hinduismus, sind es mehrere, verschiedene Götter, die Gegenstand des Glaubens sind. Und es gibt sogar Religionen wie den Buddhismus, in denen der Glaube an Gott oder an göttliche Wesen überhaupt keine Rolle spielt.

Wenn das richtig ist, wie können wir dann so unterschiedliche Phänomene wie das Christentum, den Hinduismus und den Buddhismus alle gleicherweise als Religionen bezeichnen? Der Grund liegt darin, dass der Begriff «Religion» in Wahrheit nicht nur durch den Glauben an übernatürliche, insbesondere göttliche Wesen, sondern durch eine *Mehrzahl* typischer Merkmale charakterisierbar ist, von denen der Glaube an übernatürliche Wesen nur eines ist. Die wichtigsten dieser Merkmale bzw. Kategorien von Merkmalen dürften die folgenden sein:

1. Der Glaube an übernatürliche Wesen und ihr Wirken.
2. Der Glaube an einen Sinn des Weltverlaufs mit Bezug auf die menschliche Existenz.

3. Die Anerkennung moralischer Normen als Gebote übernatürlicher Wesen.

4. Die Orientierung des persönlichen Lebens am Sinn des Weltverlaufs.

5. Emotionale Kontakte zu den übernatürlichen Wesen oder zum Sinn des Weltverlaufs.

6. In einer sozialen Gruppe verankerte Riten.

Damit wir ein Phänomen als «Religion» bezeichnen können, müssen nicht unbedingt sämtliche dieser sechs Kategorien von Merkmalen – und dies in vollem Umfang – gegeben sein. Es genügt, wenn jedenfalls die meisten von ihnen – in deutlichem Umfang – gegeben sind. Insofern können wir eben auch den Buddhismus, obschon er die Merkmale 1 und 3 nicht aufweist, als eine Religion bezeichnen. Von genau welchem Punkt an man ein weltanschauliches Phänomen richtigerweise *nicht* mehr als Religion bezeichnen kann, lässt sich kaum sagen. So sind Zweifel angebracht, ob man zum Beispiel den Kommunismus noch als Religion bezeichnen kann. Ganz unzweifelhaft jedoch ist, dass die drei großen monotheistischen Weltreligionen – das Judentum, das Christentum und der Islam – im Vollsinn des Wortes als Religionen zu bezeichnen sind. Denn in ihnen finden wir alle sechs der genannten Merkmale deutlich vorhanden, wenn auch nicht in jeder der drei Religionen in gleichem Umfang. So spielen etwa Riten im Judentum eine weitaus größere Rolle als in den protestantischen Versionen des Christentums.

Kommen wir nun zur eigentlichen Fragestellung dieses Kapitels, was religiösen Glauben und Wissen angeht. Zu diesem Zweck müssen wir den Begriff «religiöser Glaube» noch präzisieren. Unter einem «religiösen Glauben», der zum Wissen in Beziehung treten kann, soll hier nicht etwa jene die Merkmale 1 bis 6 umfassende Haltung eines Menschen verstanden werden, die das ausmacht, was wir als seine «Religion» bezeichnet haben. Die Religion eines Menschen können wir besser als seine «religiöse Einstellung» bezeichnen. Mit dem «religiösen Glauben» eines Menschen sollen dagegen lediglich seine religiösen Glaubensannahmen über etwas Seiendes oder Existentes, nämlich über eine spezielle Wirklichkeit im Sinn der Merkmale 1 und 2 gemeint sein.

So gesehen, ist die Religion oder die religiöse Einstellung eines Menschen ein sehr komplexes Phänomen. Dieses Phänomen umfasst im typischen Fall 1. die theoretischen Religionsmerkmale der Kategorien 1 und 2, die Merkmale eines religiösen *Glaubens*, 2. die praktischen Religionsmerkmale der Kategorien 3 und 4, die Merkmale einer religiösen *Moral*, 3. die emotionalen Religionsmerkmale der Kategorie 5 (wie Gebet, Ehrfurcht, Liebe oder Geborgenheit) und 4. die rituellen Religionsmerkmale der Kategorie 6 (wie Messen, Konfirmationen, Waschungen oder Wallfahrten). Natürlich kann es dabei auch Überschneidungen zwischen den Merkmalen der sechs Kategorien geben. So ist etwa für den Christen der Glaube an einen Sinn des Weltverlaufs bestimmt durch seinen Glauben an die Absichten eines Gottes. Und in der katholischen Messe wird unter anderem auch gebetet.

Nach alledem betrifft die Fragestellung dieses Kapitels in ihrem Bezug auf religiösen Glauben und Wissen nur einen Teil aller Merkmale oder Aspekte von Religion oder religiöser Einstellung, nämlich den Glauben an übernatürliche Wesen (Merkmal 1) und den Glauben an einen Sinn des Weltverlaufs (Merkmal 2). Das hat eine wichtige Konsequenz: Eine religiöse Einstellung, die ganz ohne die Merkmale 1 und 2 auskommt, die also keinerlei Annahmen über übernatürliche Wesen oder den Sinn des Weltverlaufs macht, kann von vornherein *nicht* unvereinbar mit unserem Wissen sein. Wer mit einer bestimmten religiösen Einstellung gar keine Annahmen über die Wirklichkeit verbindet, kann mit dieser Einstellung auch nicht gegen irgendein Wissen oder gegen irgendwelche Bedingungen für die Erlangung von Wissen verstoßen!

Nicht selten wird heutzutage von religiösen Menschen, ob Laien oder Theologen, in der Auseinandersetzung mit religionskritischen oder atheistischen Auffassungen einer religiösen Einstellung das Wort geredet, die so verfährt, wie gerade dargestellt: Man gibt vor, auf jede Existenzannahme oder Annahme über die Wirklichkeit zu verzichten und die Religion auf die außertheoretischen, rein lebenspraktischen Elemente der Merkmale 3 bis 6 zu reduzieren. So glaubt man, die eigene Religion, die eigene religiöse Einstellung vor jeder Form theoretischer Erkenntniskritik bewahren zu können. Und dieser Glaube ist, wie wir sahen, im Prinzip durchaus gerechtfertigt: Wer gar keine Annahmen über die Wirklichkeit macht, kann wegen vielleicht falscher oder unbegründeter Annahmen über die Wirklichkeit auch nicht kritisiert werden.

In Wahrheit muss der religiöse Mensch sich jedoch fragen, ob er einen solchen Verzicht auf jede Annahme über die Wirklichkeit tatsächlich konsequent durchhalten kann. Bei näherem Hinsehen erscheint dies kaum möglich. Man betrachte die Merkmale 3 und 5 in ihrem ausdrücklichen Bezug auf Merkmal 1. Wie kann man Normen anerkennen als «Gebote übernatürlicher Wesen», ohne an die *Existenz* dieser übernatürlichen Wesen zu glauben? Und wie kann man «Kontakte zu den übernatürlichen Wesen» aufbauen oder unterhalten, ohne ebenfalls von der *Existenz* dieser übernatürlichen Wesen überzeugt zu sein? Ja selbst die Riten der Kategorie 6 würden wohl ihren Sinn verlieren, wenn keinerlei religiöse Annahme über die Wirklichkeit hinter ihnen stünde.

Ganz Entsprechendes wie für die Merkmale 3, 5 und 6 in ihrem Bezug auf Merkmal 1 gilt auch für die Merkmale 4, 5 und 6 in ihrem Bezug auf Merkmal 2. Mit anderen Worten: Die unverzichtbare Annahme über die Wirklichkeit kann, ohne dass ein Glaube an übernatürliche Wesen eine Rolle spielt, auch einen bestimmten Sinn des Weltverlaufs zum Gegenstand haben. Das beste Beispiel hierfür bietet, wie schon angedeutet, der Buddhismus, wonach der Gläubige das Ziel verfolgt, durch einen Ausbruch aus dem ewigen Kreislauf der Wiedergeburten und der mit ihnen verbundenen Leiden die endgültige Erlösung im «Nirvana» zu finden.

Wenn im folgenden vom religiösen Glauben die Rede ist, sollen in erster Linie die zentralen monotheistischen, insbesondere die christlichen Glaubensannahmen der Kategorie 1 gemeint sein. Gerade in Bezug auf den Monotheismus lässt sich wohl am wenigsten bestreiten, dass ohne einen theoretischen Glauben – den Glauben an die Existenz eines übernatürlichen Gottes – die übrigen Merkmale religiöser Einstellung – wie die moralische Anerkennung göttlicher Gebote – vollkommen in der Luft hängen. Um seine Moral nach göttlichen Geboten ausrichten zu können, muss man ganz offenkundig zunächst einmal von der *Existenz* eines Gottes überzeugt sein. Und außerdem muss man noch die beiden folgenden Überzeugungen haben: 1. Dieser Gott hat überhaupt Gebote erlassen. Und 2. Der Mensch kann den Inhalt dieser Gebote erkennen.

An der Frage nach der Vereinbarkeit bestimmter theoretischer Glaubensannahmen mit unserem Wissen geht also, jedenfalls wenn die Vertretbarkeit einer der monotheistischen Religionen auf dem Prüfstand steht, kein Weg vorbei. Wie könnte man – um ein weiteres Beispiel, diesmal aus dem Bereich der Kategorie 5, zu zitieren – sinnvollerweise zu einem Gott beten oder einem Gott Liebe entgegenbringen, von dessen Dasein man zuvor nicht überzeugt ist?

Möglicherweise gelingt es manchen Menschen ja trotzdem, Gott etwa um die Heilung einer schweren Krankheit zu bitten, auch ohne zuvor von seiner Existenz überzeugt zu sein. Zur Erklärung würden diese Menschen vielleicht sagen, dass sie, indem sie zu Gott beten, seine Existenz einfach postulieren oder sich wünschen. Ist ein solches Wunschdenken aber auch rational oder vernünftig? Würden wir es etwa für vernünftig halten, wenn ein junger Mann sein weiteres Leben auf die Hoffnung gründet, dass er eines Tages bei einem Glücksspiel den Millionengewinn machen wird, oder wenn eine junge Frau ganz im Vertrauen darauf lebt, dass Prinz Harry, in den sie unsterblich verliebt ist, sie eines Tages heiraten wird?

Dass unter gewissen Voraussetzungen ein Leben, das von Illusionen gespeist wird, deshalb glücklicher verlaufen kann, ist unbestreitbar. Insofern kann unter Umständen auch die

Religion – selbst dann, wenn sie irrational sein sollte – zum Lebensglück der Menschen beitragen. Man darf jedoch nicht übersehen, dass ebenso gut das Gegenteil der Fall sein kann, dass die Religion also den Menschen auch Unglück bringen kann.

Man betrachte in diesem Zusammenhang einmal näher das Merkmal 3 einer religiösen Einstellung. Woher, aus welcher Quelle, wird der religiöse Mensch denn tatsächlich seine moralischen Normen schöpfen, wenn jener Gott oder jedenfalls jene göttlichen *Gebote,* an denen er diese Normen auszurichten behauptet, in Wahrheit gar nicht erkennbar sind? Nun, er *kann* sie in diesem Fall ja nur von Menschen übernehmen, die diese Normen selbst geschaffen haben oder die sie ihrerseits von Menschen, die sie selbst geschaffen haben, übernommen haben. Dabei wird er diesen Normen allerdings eine göttliche Autorität zusprechen, die in Wahrheit nicht erweisbar ist, und sie so gegen jede innerweltliche Kritik immunisieren. Zu welchen Auswüchsen einer ebenso irrationalen wie inhumanen Moral ein solches Vorgehen aber in der Realität führen kann, zeigen nicht nur die Geschichte des Christentums und die Gegenwart des Islam; auch im gegenwärtigen christlichen Fundamentalismus gibt es hierfür noch genügend Beispiele.

Nach alledem ist es sehr vordergründig zu sagen, man brauche sich um die Begründbarkeit oder Rationalität des Gottesglaubens gar keine Gedanken zu machen, da sich die Religion doch auf die Lebenspraxis positiv auswirke: Wenn Menschen zu Gott beteten und sich dabei wohlfühlten, so sei dies doch nur zu begrüßen. Denn selbst abgesehen davon, dass die lebenspraktischen Elemente der Religion sich, wie gesagt, gewiss nicht auf Handlungen wie Messfeiern und Gebete beschränken: Sogar ein Gebet oder eine Wallfahrt kann Menschen unter Umständen auch schaden, wenn diese Menschen so davon abgehalten werden, etwa ihre medizinischen Probleme auf säkulare Weise wirksamer zu lösen. Und in jedem Fall kostet ein Gebet ja Zeit, die man – sofern für das Gebet kein Adressat vorhanden ist – auf andere Weise vielleicht besser nutzen kann.

Trotz allem soll und kann natürlich niemand gezwungen werden, unter rationalem Aspekt seine religiöse Einstellung infrage zu stellen oder zu begründen. Wer jedoch prinzipiell bereit ist, sein Leben nach der Vernunft auszurichten, wird, wenn er konsequent ist, auch die Religion in diese Haltung einbeziehen.

Religionswissenschaftler würden wohl behaupten, dass bei den meisten Menschen, die religiös sind, die theoretischen Annahmen der Kategorien 1 und 2 für ihre religiöse Einstellung gar nicht ursächlich sind. Und dass diese Behauptung zutrifft, zeigt jedem einigermaßen intelligenten Betrachter – gleichgültig, ob er selbst religiös ist oder nicht – bereits sein Alltagsverstand: Der Durchschnittsgläubige stellt nicht etwa zuerst auf philosophischer oder theologischer Ebene theoretische Überlegungen über das Pro und Contra der Existenz Gottes an, entscheidet sich aufgrund dieser Überlegungen dann *für* die Existenz Gottes und findet aufgrund dieser Entscheidung dann den Weg zu einer umfassend religiösen Einstellung. Der Durchschnittsgläubige wurde vielmehr bereits in einem Alter religiös erzogen und sozialisiert, in dem er zu einer rationalen Entscheidung für den Gottesglauben noch gar nicht fähig war. Und er hält in späteren Jahren einfach deshalb an seiner eingeübten Religiosität fest, weil er 1. sich darin wohlfühlt und weil 2. sein soziales Umfeld ebenfalls religiös geprägt ist.

Natürlich gibt es neben Durchschnittsgläubigen gelegentlich auch Menschen, die, obschon religiös erzogen, aufgrund kritischer Reflexion über die Existenz Gottes ihre Religion aufgeben, sowie Menschen, die, obschon *nicht* religiös erzogen, aufgrund kritischer Reflexion über die Existenz Gottes zur Religion finden. Doch auch wenn es in Wahrheit solche Menschen *nicht* geben würde, würde dies unserer Fragestellung nach dem Verhältnis von religiösem Glauben und Wissen keinen Abbruch tun. Denn diese Fragestellung ist gar nicht in einem soziologischen oder psychologischen Sinn gemeint – nämlich in dem Sinn «Welche Rolle spielt *in der Realität* das Wissen bei der Akzeptanz religiösen Glaubens?»

Die Fragestellung ist vielmehr in einem philosophischen Sinn gemeint, nämlich in dem Sinn «Ist religiöser Glaube rational vertretbar, oder steht er zu unserem Wissen im Widerspruch?» Und die Antwort auf diese Frage ist unabhängig davon, wie viele Menschen religiös sind und wie diese Menschen zum Glauben gelangt sind. Und sie ist ebenfalls unabhängig davon, wie viele Menschen *nicht* religiös sind und warum diese Menschen *nicht* zum Glauben gelangt sind. Im Prinzip kann religiöser Unglaube ebenso unvernünftig sein wie religiöser Glaube. Außerdem: Dass A aus irrationalen Motiven ohne Begründung etwas glaubt oder nicht glaubt, schließt keineswegs aus, dass die den Glauben oder Unglauben bildende Annahme *als solche* durchaus wahr und rational begründbar sein kann. Die Annahme, dass Drogenkonsum ungesund ist, wird nicht dadurch falsch, dass A sie nur deshalb für wahr hält, weil er sie in seinem Horoskop gelesen hat.

Wie verhält sich also der Glaube an übernatürliche Wesen zu unserem Wissen? Wie steht es insbesondere um die Rationalität des Glaubens an den monotheistischen Gott? Nun, ganz offenbar ist dieser Gott kein unmittelbarer Gegenstand *empirischen* Wissens: Wir können Gott nicht mit unseren Sinnen wahrnehmen. Daraus folgt jedoch nicht, dass die Annahme Gottes nicht im Rahmen eines empirisch-wissenschaftlichen Weltbildes durchaus begründet sein kann oder dass sie zu einem solchen Weltbild im Gegensatz stehen muss.

Denn erstens können auch für die Wissenschaft Dinge Gegenstand der Erkenntnis sein, die selbst nicht unmittelbar wahrnehmbar sind, deren Existenzannahme jedoch für wahrnehmbare Gegenstände die bestmögliche Erklärung liefert. Man denke etwa an die Rolle, die Atome in der modernen Naturwissenschaft spielen (siehe S. 58). Und zweitens schließt die Tatsache, dass Gott trotzdem in keiner *Einzel*wissenschaft eine Rolle spielt, nicht die Möglichkeit aus, dass die Annahme seiner Existenz im Rahmen eines *gesamt*wissenschaftlichen Weltbildes für einige *allgemeine* Tatsachen die bestmögliche Erklärung bietet.

Einige Atheisten vertreten heute die Auffassung, die moderne Evolutionstheorie habe den Gottesglauben widerlegt. Diese Auffassung ist falsch. Widerlegt hat die Evolutionstheorie, falls zutreffend, den speziellen Schöpfungsbericht der Bibel über die Entstehung der Welt, keineswegs aber die philosophische Annahme, dass die Welt letztlich von einem

Gott erschaffen wurde, der die Entstehung des Lebens und seiner Evolution bis hin zur Entstehung des Menschen schon mit dem Schöpfungsakt selbst geplant und dabei die (noch leblose) Materie entsprechend programmiert hat.

Es gibt jedoch eine Reihe anderer Einwände, mit denen sich der Verteidiger der Annahme der Existenz Gottes, der Gotteshypothese, auseinandersetzen muss. Einer dieser Einwände lautet: Ist es wirklich nachvollziehbar, dass, wie der Monotheismus lehrt, Gott als ein rein geistiges, körperloses Wesen die aus Materie bestehende Welt aus dem Nichts erschaffen hat? Wie sieht es aus, wenn wir Menschen mithilfe unseres Geistes etwas sehr Kompliziertes – sagen wir: eine Uhr – herstellen? Nun, so anspruchsvoll unsere geistige Tätigkeit auch sein mag: Wir können weder eine Uhr noch sonst etwas, das wir mit unserem Geist entworfen haben, auch wirklich existent machen oder herstellen, *ohne* zu diesem Zweck 1. Materie zu benutzen, die wir bereits vorfinden, und 2. die Materie unseres eigenen Körpers, also unsere Augen, Hände, Muskeln usw. dabei einzusetzen.

Ist die Vorstellung, dass ein rein geistiges Wesen etwas Materielles wie die Welt erschafft, ohne dass diesem Wesen zu diesem Zweck schon *irgendeine* Materie zur Verfügung steht, nicht äußerst mysteriös? Und ist diese Vorstellung deshalb im Grunde nicht vielleicht noch schwerer nachvollziehbar als die Vorstellung, dass das Universum selbst schon immer existiert hat, womit die Hypothese eines Schöpfergottes überflüssig wird? Man möge darüber nachdenken. Eine Lösung könnte vielleicht darin bestehen, dass der Theist die Annahme der Schöpfung der Welt aus dem Nichts aufgibt und Gott demgemäß nicht mehr als den Weltschöpfer versteht, sondern nur noch als ein mit der materiellen Welt fest verbundenes, geistiges Ordnungs- und Lenkungsprinzip.

Ein weiterer Einwand, der Beachtung verdient, ist dieser: Was spricht eigentlich dafür, dass es, wie der Monotheismus annimmt, nur *einen* Gott gibt? Könnten sich nicht ebensogut mehrere übernatürliche Wesen (welcher Art im einzelnen auch immer) das Projekt der Erschaffung bzw. Gestaltung der Welt geteilt haben? Auch im menschlichen Bereich ist es doch eigentlich so, dass die wirklichen Großprojekte – man denke an einen neuen Stadtteil oder an einen Vergnügungspark – nicht von einer einzigen Person errichtet werden können, sondern den Einsatz nicht nur zahlreicher Bauarbeiter, sondern auch mehrerer Architekten erfordern. Hat insofern nicht der Polytheismus vielleicht die besseren Karten?

Schon diese beiden Einwände reichen aus, um zumindest folgendes deutlich zu machen: Es ist ein (häufig begangener) Denkfehler, so zu tun, als ob die einzige Alternative zu einem materialistischen Weltbild, für das es keine Wirklichkeit jenseits der naturwissenschaftlichen Wirklichkeit gibt, die monotheistische Gotteshypothese wäre, also die Existenzannahme eines einzigen, rein geistigen Wesens, das die Welt aus dem Nichts erschaffen hat. Zumindest zwei weitere Alternativen sind ebenso denkbar: zum einen die Annahme eines mit dem materiellen Universum eine Einheit bildenden geistigen Ordnungs- und Lenkungsprinzips und zum anderen die Annahme mehrerer göttlicher Wesen im Sinne des Polytheismus.

Doch es gibt in diesem Zusammenhang noch einen grundlegenderen und gravierenderen Denkfehler, der vielleicht noch häufiger ist. Dieser Denkfehler wird dann begangen, wenn die Situation so dargestellt wird, als ob es gar nicht darauf ankäme, *welche* Religion mit *welchen* Glaubensannahmen man sich zu eigen macht, sondern nur darauf, *dass* man *überhaupt* religiös sei. Denn, so wird gesagt, die verschiedenen Religionen seien im Grunde doch nichts anderes als unterschiedliche Deutungen oder Bezeichnungen für ein und dieselbe höhere Wirklichkeit.

Doch diese Behauptung ist unsinnig: Wenn der Monotheismus Recht hat, dann sieht notwendig auch die höhere *Wirklichkeit* als solche ganz anders aus, als wenn der Polytheismus Recht hat. Und Gleiches gilt natürlich bezüglich der Annahme eines mit der Materie verbundenen geistigen Ordnungs- und Lenkungsprinzips. Ja, noch deutlicher wird der Unterschied dann, wenn man gar atheistische Religionen wie den Buddhismus, bei denen Merkmal 2 an die Stelle von Merkmal 1 tritt (siehe oben S. 101), in den Vergleich der Religionen miteinbezieht.

Hinzu kommt: Die angesprochenen Unterschiede zwischen den Religionen sind nicht nur theoretischer Art, also bezogen auf die Merkmale 1 und 2. Diese Unterschiede können sich in erheblichem Maß auch auf die Merkmale 3 bis 6 auswirken, wie sich der Leser leicht klarmachen kann und wie die unterschiedliche Ausgestaltung dieser Merkmale in der Realität der verschiedenen Religionen auch sehr deutlich zeigt.

In Wahrheit läuft die Haltung derjenigen, die im oben genannten Sinn auf die Austauschbarkeit der Religionen setzen, auf etwas ganz anderes hinaus, als ihnen selbst bewusst zu sein scheint: Sie läuft auf eine Position hinaus, die richtigerweise gar nicht mehr als eine religiöse, sondern als eine agnostische Position zu bezeichnen ist. Die Position besagt nämlich, konsequent zu Ende gedacht, etwa folgendes: Es gibt zwar so etwas wie eine höhere, dem materiellen Universum übergeordnete Wirklichkeit. Doch dies ist absolut alles, was wir über diese Wirklichkeit sagen können. Ob diese Wirklichkeit monotheistisch, polytheistisch, (in einem buddhistischen Sinn) atheistisch oder noch etwas anderes ist, ist menschlichem Wissen vollkommen verschlossen; denn diese Wirklichkeit ist für uns schlicht «unbegreiflich» und «undefinierbar» – wie moderne Theologen gern sagen.

Dies ist gewiss eine vertretbare Position zur Frage der Religion. Sie stellt insofern eine weitere Alternative zu einem rein materialistischen Weltbild dar. Nur sollte man sich über Folgendes im klaren sein und sich darüber nicht täuschen lassen: Diese Position ist zwar keine materialistische, aber in Wahrheit auch *keine religiöse* Position. Denn sie verzichtet nicht nur auf jegliche Annahme, was die Merkmale 1 und 2 betrifft. Sie kann aus diesem Grund auch keinerlei irgendwie begründete Angaben zu den Merkmalen 3 bis 6 machen. Denn diese Angaben sind notwendig auf religiöse Glaubensannahmen der Kategorien 1 oder 2 angewiesen (so deutlich schon oben, S. 101).

Man kann rationalerweise eben nicht auf die Existenz Gottes verzichten, wenn man zu diesem Gott beten möchte. Und zu einem «Gott» zu beten, den man für nichts anderes als für «unbegreiflich» hält, könnte einem sogar ebenso schaden wie nützen. Denn vielleicht will dieses «Unbegreifliche» ja vor allem in Ruhe gelassen werden. Ja, vielleicht ist dieses «Unbegreifliche» nicht einmal ein personales Wesen, das unsere Gebete überhaupt empfangen kann.

Natürlich ist es niemandem verboten, sich zu Gott zu bekennen und diesen «Gott», sofern herausgefordert, einfach als «undefinierbar» zu bezeichnen oder als «unbegreiflich» zu definieren. Nur sollte der Gesprächspartner in diesem Fall darauf bestehen: Die Existenz *dieses* «Gottes» kann für unser moralisches wie für unser emotionales Leben nicht die geringste Bedeutung gewinnen, und *dieser* «Gott» ist nicht derselbe Gott wie der Gott der monotheistischen Religionen!

Der Gott der drei monotheistischen Weltreligionen ist nach dem überkommenen Verständnis dieser Religionen ja durchaus definierbar, nämlich als ein rein geistiges, personales Wesen, das die Welt erschaffen hat sowie erhält und das gleichzeitig durch absolute Vollkommenheit, das heißt durch die (im wesentlichen durchaus begreiflichen) Eigenschaften der Allmacht, Allwissenheit, Allgüte und Allgerechtigkeit gekennzeichnet ist. Natürlich mag auch dieser Gott zusätzlich noch Eigenschaften besitzen, die für uns «undefinierbar» sind, sowie Dinge tun und Entscheidungen treffen, die uns «unbegreiflich» sind. Aber diesen selben Gott immer dann, wenn man, was seine Existenz angeht, vor Begründungsproblemen steht, einfach mit etwas Existierendem gleichzusetzen, das *nichts anderes* als «undefinierbar» und «unbegreiflich» ist, verletzt die Minimalbedingungen rationaler Argumentation.

Dass es problematisch ist, einem rein geistigen, körperlosen Wesen die Erschaffung und Gestaltung der materiellen

Welt zuzuschreiben, sahen wir schon (S. 107). Noch problematischer jedoch ist es, wie ich wenigstens im Ansatz nun zeigen möchte, ein Wesen, das unsere tatsächliche Welt, so wie sie ist, erschaffen hat, als moralisch vollkommen, also insbesondere als allgütig zu bezeichnen. Es geht hier um das sogenannte Theodizee-Problem, das Problem des Übels in einer von Gott erschaffenen Welt. Oft wird dieses Problem so verstanden, dass die moralische Vollkommenheit Gottes als ganz selbstverständlich vorausgesetzt und dann dem Atheisten bzw. Skeptiker die Beweislast zugeschoben wird, diese moralische Vollkommenheit unter Hinweis auf das Übel in der Welt zu widerlegen. Die so gemachte Voraussetzung ist jedoch ganz unbegründet, wie die folgenden Überlegungen deutlich machen.

Wie kann der Mensch aus seinem Wissen über die Welt vernünftigerweise den Schluss ziehen, dass jener Gott, der diese Welt erschaffen hat, sowohl allmächtig als auch allgütig ist? Für die Allmacht Gottes dürfte in der Tat bereits die Schöpfung der Welt aus dem Nichts sprechen, sofern man diese für plausibel hält. Gleiches gilt aber mitnichten auch für die Allgüte Gottes. Denn über die moralischen Qualitäten jenes Wesens, das die Welt erschaffen hat, können wir uns doch allein aus dem uns erkennbaren Zustand eben dieser Welt eine Bild machen.

Sind aber die zahlreichen Übel in der von Gott erschaffenen Welt nicht mehr als offenkundig? Da sind zum einen die *natürlichen* Übel wie Krankheiten, Seuchen und Naturkatastrophen vielfältigster Art. So forderte beispielsweise – um nur zwei solcher Katastrophen anzuführen – das sogenannte Seebeben vor ein paar Jahren in Indonesien über 200 000 und die sogenannte Spanische Grippe vor 90 Jahren ca. 20 Millionen Todesopfer. Noch weit schlimmer aber sind die folgenden Zahlen: Seit Jahren gehen weltweit *täglich* 25 000 bis 30 000 Kinder noch vor ihrem fünften Lebensjahr an Hunger und Krankheit jämmerlich zugrunde; das bedeutet eine jährliche Opferzahl von ca. 10 Millionen. Und da sind außerdem die *moralischen* Übel, wie sie Mörder, Vergewaltiger und Räuber immer wieder in der Gesellschaft anrichten, bis hin zu den Massenmorden von Diktatoren wie einem Hitler oder Stalin.

Wie kann man angesichts solcher offenkundigen Übel, ja Grausamkeiten rationalerweise überhaupt auf die *Idee* kommen, einen Gott als allgütig zu bezeichnen, der als ein allmächtiges Wesen eine solche Welt erschaffen hat? Oft heißt es, der überragende Wert der dem Menschen von Gott verliehenen Willensfreiheit biete hierfür die passende Erklärung. Denn diese Willensfreiheit habe nun einmal zur Folge, dass von ihr auch immer wieder Menschen in böser Absicht unmoralischen Gebrauch machen.

Aber ist es wirklich nachvollziehbar, dass die Willensfreiheit eines Diktators wie Hitler oder Stalin die Millionen von Opfern wert ist, die diese Willensfreiheit zur Folge hatte? Außerdem aber: Welchem auch nur denkbaren höheren Wert könnten denn die oben genannten *natürlichen* Übel dienen? Ist nicht gegen viele dieser Übel der Mensch sogar bei äußerster moralischer Anstrengung vollkommen machtlos? Und schließlich: Warum schuf Gott zu allem Überfluß auch noch eine Tierwelt, die ebenfalls immer wieder von sinnlosem Leid verfolgt ist?

Wenn wir annehmen, das Problem des Übels sei, wie ich vermute, tatsächlich *nicht* im Sinne des Theisten lösbar, was folgt daraus? Gewiss folgt, dass die Existenz des monotheistischen Gottes mit der ihn definierenden moralischen Vollkommenheit bzw. Allgüte nicht glaubwürdig ist. Es folgt jedoch *nicht*, dass wir nicht möglicherweise nach wie vor guten Grund haben, an die Existenz von einem oder mehreren übernatürlichen Wesen zu glauben. Ich möchte abschließend dem Leser zwei mögliche Hypothesen der Welterklärung zu bedenken geben, die an die Stelle des traditionellen monotheistischen Gottesglaubens treten könnten.

1. Es könnte *zwei* ewige göttliche Wesen geben – ein «allgütiges» und ein im Gegensatz dazu «allböses» –, die sich die Erschaffung der Welt geteilt haben und die weiterhin – das eine im positiven, das andere im negativen Sinn – auf die Welt einwirken. Diese Sichtweise hätte mit der christlichen immerhin Berührungspunkte. Denn auch nach christlicher Sichtweise gibt es bekanntlich den Teufel, der «allböse» ist und vielfältig auf die Welt einwirkt – einen Teufel allerdings, der weder von Ewigkeit her existiert noch seinem göttlichen Widerpart an Macht ebenbürtig ist.

2. Es könnte das eine, allmächtige göttliche Wesen geben, das die Welt erschaffen hat, das jedoch, moralisch betrachtet, weder gut noch böse, sondern vollkommen *indifferent* ist und so an Glück und Wohlergehen von Mensch und Tier gar kein Interesse zeigt. Ich frage mich: Warum müssen wir Menschen überhaupt auf die Idee kommen, einen möglichen Weltschöpfer moralisch zu bewerten? Die Mäuse in meinem Garten würden, falls sie denken könnten, wohl auch kaum auf die Idee kommen, *mich* in moralischer Hinsicht zu be-

werten. Denn ich habe den Mäusen bei der Anlage und Bearbeitung meines Gartens noch nie – weder in positiver noch in negativer Hinsicht – die geringste Aufmerksamkeit geschenkt. Die Mäuse werden deshalb vernünftigerweise meine haushohe Überlegenheit ihnen gegenüber einfach als gegeben hinnehmen und mit den Folgen, die meine Gartenarbeit für sie hat, teils erfreut und teils entsetzt zu leben suchen. Ist nun aber der Machtunterschied zwischen dem Weltschöpfer und uns Menschen nicht noch ungleich größer als der zwischen mir und den Mäusen?

Beide vorgestellten Hypothesen sind offensichtlich mit dem Problem des Übels von vornherein nicht konfrontiert und insofern der monotheistischen Gotteshypothese deutlich überlegen. Keinesfalls ausweichen kann man dem Problem des Übels jedoch, wie nicht selten versucht wird, dadurch, dass man sagt, Gott sei zwar allgütig, aber er sei allgütig in einem ganz anderen als in unserem *menschlichen* Sinn des Wortes. Denn ein Gott, der in einem «ganz anderen», uns Menschen nicht vertrauten und unzugänglichen Sinn «allgütig» ist, könnte gleichzeitig ja in dem uns vertrauten, menschlichen Sinn des Wortes geradezu «allböse» sein und etwa auf unsere Gebete nur mit Schadenfreude und Sadismus reagieren. Auch zu dieser Verteidigungsstrategie des Gottesglaubens muss man sagen: Sie verletzt die Minimalbedingungen rationaler Argumentation.

Man kann die Frage nach der Vereinbarkeit von religiösem Glauben und Wissen bzw. von Religion und Vernunft sogar in einem mehrbändigen Werk kaum definitv und auch nicht für alle Religionen gleichzeitig beantworten. Was man jedoch schon auf wenigen Seiten zeigen kann, ist, dass jedenfalls *einige* der Antworten auf diese Frage, die in der eigenen Gesellschaft häufig gegeben werden, einer rationalen Prüfung nicht standhalten.

Schlussbemerkung

Wir wissen etwas, wenn wir mit gutem Grund oder rationalerweise als sicher davon ausgehen können, dass das Gewusste wahr ist. Das heißt nicht, dass unser Wissen unfehlbar ist in dem Sinn, dass es ganz undenkbar oder ausgeschlossen wäre, dass das, was wir heute wissen, sich mit unserem morgigen Wissen als unvereinbar und so als falsch erweist. Trotzdem ist Wissen eine besondere, hervorstechende Form begründeten oder rationalen Glaubens oder Fürwahrhaltens: Ich weiß und gehe als *sicher* davon aus, dass die durchschnittliche Jahrestemperatur auf Mallorca höher ist als in Franken. Aber ich weiß nicht, sondern nehme lediglich rationalerweise als *wahrscheinlich* an, dass auch die morgige Temperatur auf Mallorca höher sein wird als in Franken; es gibt immer wieder einzelne Tage im Jahr, an denen die Temperatur in Franken höher ist.

Während die einzelnen Gegenstände unseres Wissens enorm vielfältig sind, ist die Grundlage unseres wesentlichen Wissens bzw. die Methode zu seiner Erlangung relativ leicht durchschaubar: Das logische Wissen ergibt sich aus der Bedeutung unserer sprachlichen Ausdrücke. Und das Wissen über die Außenwelt beruht auf unserer Sinneswahrnehmung. Nun kann man natürlich die Frage stellen, warum wir uns denn, was unser Wissen angeht, überhaupt auf die Bedeutung unserer Sprache sowie auf unsere Sinneswahrnehmung verlassen sollen. Handelt es sich bei diesem Vorgehen nicht vielleicht um metaphysische Annahmen, die nicht begründbar sind?

Hierauf lässt sich wie folgt antworten. Richtig ist, dass unser Vertrauen auf die Bedeutung unserer Sprache und auf unsere Sinneswahrnehmung nicht selbst wieder über die Sprache bzw. die Sinneswahrnehmung begründet werden kann. Denn es handelt sich hier ja nicht um einzelne Gegenstände oder Inhalte unseres (logischen bzw. empirischen) Wissens, sondern um die *Voraussetzungen* dieses unseres Wissens. Wenn man diese Voraussetzungen deshalb, weil sie selbst nicht logischer bzw. empirischer Art sind, als «metaphysisch» bezeichnen will, so mag man das tun. Man sollte dabei jedoch nicht übersehen, dass es sich hier um eine ganz andere Art von «Metaphysik» handelt als dort, wo der Ausdruck sich auf Gegenstände oder Sachverhalte einer eigenen, außersprachlichen sowie außerempirischen Realität bezieht, die, wie von den Verfechtern dieser Metaphysik angenommen, nur durch reines Denken erkannt werden können.

Richtig ist auch, dass unser Vertrauen auf die Sprachbedeutung bzw. die Sinneswahrnehmung nicht in dem Sinne begründet werden kann, dass dieses Vertrauen sich aus irgendwelchen Prämissen, die uns erkennbar sind, ableiten ließe. Trotzdem ist eine gewisse Form der Begründung dadurch möglich, dass man sich fragt, was die Folgen wären, wenn wir auf die beiden genannten Methoden der Wissensgewinnung verzichten bzw. alternative Methoden bevorzugen würden.

Wenn wir auf jegliches logische Schließen aufgrund der Bedeutung sprachlicher Ausdrücke verzichten würden, wären die Folgen ziemlich weitreichend. Unsere Sprache würde nämlich jenen Teil ihrer Funktion, der ausschließlich auf der Relation verschiedener Ausdrücke zueinander beruht, vollkommen einbüßen. So könnte etwa ein Satz wie der, dass alle Frauen Menschen sind, nicht mehr wie üblich verstanden werden. Denn dieser Satz besagt ja nichts anderes, als dass es innerhalb der Gesamtklasse jener Wesen, die wir als «Menschen» bezeichnen, neben anderen Unterklassen (etwa der Kinder oder der Männer) auch eine Unterklasse gibt, die wir als «Frauen» bezeichnen. Das Besondere an einem Satz wie «Alle Frauen sind Menschen» ist, dass wir wissen können, dass er wahr ist, ohne dabei auf die Wahrnehmung irgendwelcher konkreten Menschen oder Frauen Bezug zu nehmen.

Und wie stünden wir da, wenn wir der Sinneswahrnehmung nicht mehr vertrauen würden? Wir müssten offenbar nach einer Alternative Ausschau halten, um uns über die Wirklichkeit zu informieren. Wie aber könnte diese Alternative aussehen? Nun, sie *könnte* – logisch betrachtet – äußerst vielfältig und unterschiedlich aussehen. Sie könnte etwa so aussehen, dass wir unter dem Einfluss bestimmter Drogen jeden Tag zwischen 22 und 23 Uhr in einem dunklen Zimmer in uns hineinhorchen. Oder sie könnte so aussehen, dass wir uns einmal in der Woche von einem Guru belehren lassen oder versuchen, mit unserem Lieblingsengel in Kontakt zu treten.

Die Antwort auf diese und andere denkbare Methoden der Wissensgewinnung ist einfach: Die jeweils vorgeschlagene

Methode wird bei den meisten Menschen zu *gar keinen* Vorstellungen führen, die sie als «Wissen» bezeichnen möchten. Und sie wird bei den übrigen Menschen zu Wissensannahmen führen, die so sehr voneinander abweichen, dass jene intersubjektive Übereinstimmung, die unser Wahrnehmungswissen auszeichnet, nicht annähernd zustande kommt.

Mit alledem ist freilich auch die Position des radikalen Skeptikers vereinbar, der *jedes* Wissen für unmöglich hält. Doch selbst der radikale Skeptiker tut dies gewöhnlich nur, solange er philosophierend am Schreibtisch sitzt.

Literaturhinweise

Albert, Hans: *Kritischer Rationalismus.* Vier Kapitel zur Kritik illusionären Denkens, Tübingen 2000.

Ayer, Alfred: *Die Hauptfragen der Philosophie,* München 1976.

Baumann, Peter: *Erkenntnistheorie,* 2. Aufl., Stuttgart/Weimar 2006.

Birnbacher, Dieter: *Analytische Einführung in die Ethik,* 2. Aufl., Berlin/New York 2007.

Craig, Edward: *Was wir wissen können.* Pragmatische Untersuchungen zum Wissensbegriff, Frankfurt a. M. 1993.

Ernst, Gerhard: *Einführung in die Erkenntnistheorie,* Darmstadt 2007.

Grundmann, Thomas: *Analytische Einführung in die Erkenntnistheorie,* Berlin/New York 2008.

Hoerster, Norbert: *Ethik und Interesse,* Stuttgart 2003.

Hoerster, Norbert: *Die Frage nach Gott,* 2. Aufl., München 2007.

Kraft, Viktor: *Die Grundlagen der Erkenntnis und der Moral,* Berlin 1968.

Kutschera, Franz von: *Grundfragen der Erkenntnistheorie,* Berlin/New York 1982.

Löffler, Winfried: *Einführung in die Religionsphilosophie,* Darmstadt 2006.

Moore, George E.: *Eine Verteidigung des Common Sense.* Fünf Aufsätze aus den Jahren 1903–1941, Frankfurt a. M. 1969.

Musgrave, Alan: *Alltagswissen, Wissenschaft und Skeptizismus.* Eine historische Einführung in die Erkenntnistheorie, Tübingen 1993.

Nagel, Thomas: *Der Blick von Nirgendwo,* Frankfurt a. M. 1992.

Russell, Bertrand: *Probleme der Philosophie,* 21. Aufl., Frankfurt a. M. 2003.

Salmon, Wesley C.: *Logik,* Stuttgart 1983.

Schlick, Moritz: *Allgemeine Erkenntnislehre,* Frankfurt a. M. 1979.

Stegmüller, Wolfgang: *Metaphysik, Skepsis, Wissenschaft,* 2. Aufl., Berlin/Heidelberg/New York 1969.

Aus dem Verlagsprogramm

Philosophie bei C.H.Beck

Norbert Hoerster
Haben Tiere eine Würde?
Grundfragen der Tierethik
2004. 108 Seiten. Paperback
Beck'sche Reihe Band 1583

Norbert Hoerster
Die Frage nach Gott
2. Auflage. 2007. 125 Seiten. Paperback
Beck'sche Reihe Band 1635

Norbert Hoerster
Was ist Recht?
Grundfragen der Rechtsphilosophie
2006. 160 Seiten. Paperback
Beck'sche Reihe Band 1706

Otfried Höffe (Hrsg.)
Klassiker der Philosophie
Bd. 1: Von den Vorsokratikern bis David Hume
2008. 386 Seiten. Paperback
Beck'sche Reihe Band 1792
Bd. 2: Von Immanuel Kant bis John Rawls
2008. 360 Seiten. Paperback
Beck'sche Reihe Band 1793

Verlag C.H.Beck München

Philosophie bei C.H.Beck

Otfried Höffe
Lebenskunst und Moral
oder Macht Tugend glücklich?
2009. 393 Seiten. Paperback
Beck'sche Reihe Band 1926

Andreas Urs Sommer
Die Kunst der Seelenruhe
Anleitung zum stoischen Denken
2009. 159 Seiten. Paperback
Beck'sche Reihe Band 1940

Andreas Urs Sommer
Die Kunst des Zweifelns
Anleitung zum skeptischen Denken
2. Auflage. 2007. 156 Seiten. Paperback
Beck'sche Reihe Band 1664

Peter Janich
Was ist Erkenntnis
Eine philosophische Einführung
2000. 165 Seiten. Paperback
Beck'sche Reihe Band 1376

Holm Tetens
Philosophisches Argumentieren
Eine Einführung
2., durchgesehene Auflage. 2006. 311 Seiten. Paperback
Beck'sche Reihe Band 1607

Verlag C.H.Beck München